사례별 범죄사실을 신고하고 구제받는 실무지침서

형사문제 고발 · 고소 · 진정 서식작성

편저 : 대한법률편찬연구회
(콘텐츠 제공)

머리말

고소는 범죄의 피해자 또는 고소권자가 일선 수사기관에 범죄 사실을 신고하여 그 범인을 조사하고 법원에 기소하여 형사재판을 받을 수 있도록 해 달라는 의사표시입니다.

그러므로 고소는 수사에 있어 중요한 단서 중 하나입니다.

고소는 사실상 이해할 수 있는 의사능력이 있으면 고소능력이 있습니다.

고소는 세월이 흐르면 범죄자를 처벌할 수 없게 되는데 공소시효가 만료된 고소는 범죄자를 기소할 수 없기 때문에 검사는 공소권 없음의 결정을 하므로 고소는 공소시효가 만료되기 전 최소한 1년 전, 아무리 늦었다 하더라도 3개월 전까지는 고소장을 수사기관에 접수시켜야 하는데 잘 모르는 사람들이 공소시효 1개월 전 또는 공소시효 만료일 수일 전까지 제출해도 되는 것으로 오해하는 분들이 종종 있습니다.

많은 시일이 지나면 그만큼 증거자료가 없어질 경우 범죄혐의 입증하기 어려워지기 때문입니다.

그러므로 피해자가 억울한 일을 당하고 고소장을 작성하려고 해도 막상 어떤 형식으로 작성해야 하는지 범죄 사실을 어떻게 구성해야 하고 또 사실관계는 어떻게 기재해야 할지 망설여지기 마련입니다.

일반인에게는 고소장을 작성할 일이 평생에 한번 있을까 말까한 일이지만 법률적으로 갑자기 억울한 일이 생길 경우 본서를 통하여 고소장 작성방법과 요령만 아시면 누구나 쉽게 고소장을 작성할 수 있으므로 적극 권장해 드리고 싶습니다.

또 고소와는 달리 고발은 범인과 고소권자 이외의 사람이 수사기관에 대하여 범죄 사실을 신고하는 경우 사용하는 것으로 고소장과 고발장을 구분하여야 합니다.

쉽게 말해 고발장은 자신의 이익과 상관없이 자신의 신념이나 사회 정의를 지키기 위해 자신에게 일어나지 않은 일에 대해 수사기관에 의뢰를 할 때 사용하는 것입니다.

그러므로 고발은 수사에 있어 중요한 단서 중 하나입니다.

고발장에도 고소장과 같이 범죄 사실은 해당하는 것에 대하여 일시, 장소, 범행방법, 결과 등을 구체적으로 기재해야 하며, 고발인이 알고 있는 지식과 경험, 증거에 의해 사실로 인정되는 내용을 기재하여야 합니다.

그러므로 고발장에는 고발인 및 피고발인의 성명과 주소, 주민등록번호를 알고 있으면 기재하고 모를 경우 피고발인의 기본 정보(소환할 수 있는 정보) 등을 기재하면 됩니다.

또 고발의 취지 및 이유를 정확하게 명시하고, 신고사실이 무엇인지 알 수 있을 정도로 가능한 한 명확하고 특정하여야 합니다.

내용은 육하원칙에 의거 피해 사실을 사실적으로 기재합니다.

고발장은 규정된 형식은 없으며 고발하고자 하는 내용을 간단히 기재, 자세한 내용은 조사 시 답변하여도 무방합니다.

그러므로 신고사실을 어떤 형식으로 작성해야 하는지 어떻게 구성해야 하고 또 사실관계는 어떻게 기재해야 할지 망설여지기 마련입니다.

일반인에게는 고발장을 작성할 일이 많지 않겠지만 고발장 작성방법과 요령만 아시면 누구나 쉽게 고발장을 작성할 수 있으므로 적극 권장해 드리고 싶습니다.

마지막으로 진정은 개인이 침해받은 권리를 구제하기 위해 관계기관에 일정한 조치를 요구하는 것으로 수사기관에 범죄사실을 신고하는 것도 포함됩니다.

검사가 조사를 하여 혐의가 있다고 판단되면 비로소 입건되는 것으로(검찰사건사무규칙 제141조 참조) 수사기관에 고소장이나 고발장을 제출하면 바로 입건이 되는 것과는 차이가 있습니다.

그러나 진정인이 특정인에 대하여 형사처벌을 받게 할 목적으로 허위 신고할 경우 무고죄의 책임을 지게 됩니다.(형법 제156조 무고죄, 대법원 판례 91도2127호 각 참조)

또한 진정서는 수사한 결과 검사가 불기소처분을 할 경우 원칙적으로 고등검찰청에 항고를 할 수 없습니다. 다만, 진정서에 의하여 입건한 사건에 있어서 그 진정서나 진정인이 진술조서에 피의자의 처벌을 희망하는 의사표시가 있을 때는 그 진정인에 대하여도 항고권이 인정됩니다.(검찰사건사무규칙 제92조 제4항 참조)

그러므로 진정서는 수사를 빨리 해 달라는 진정서, 어떤 압수물을 반환해 달라는 진정서, 피고소인이나 피의자를 선처해 달라는 진정서, 피의자를 엄벌해 달라는 진정서, 당해 사건에 대하여 중요한 참고인을 조사해 달라는 진정서, 편파수사를 하지 말고 공정한 수사를 해 달라는 진정서, 이러한 사실들을 조사하면 범죄를 발견할 가능성이 있다며 조사하여 범죄가 발견되면 입건하여 처벌해 달라는 진정서, 민원이 발생하여 해결을 요구하는 진정서를 비롯하여 진정서는 그 내용이 매우 다양할 뿐 아니라 사안에 따라 다르고 사람에 따라 다르고 처리하는 사람에 따라 다르고 진정서를 처리하는 방법도 그 내용에 따라 다양할 수밖에 없습니다.

우리 대한법률편찬연구회 법문북스에서는 진정서의 사례를 가급적 많이 담아내고자 노력했으며, 그 작성요령에 대해서는 누구나 어려운 일을 당하시더라도 쉽게 진정서를 작성할 수 있도록 여러 각도에서 깊이 있게 분석하고 사례를 기술함은 물론 가장 최신의 진정서 사례를 수록하는 데 심혈을 기울였습니다.

그리고 많은 진정서의 사례를 원용하여 누구나 어려움을 겪는 분들에게 직접 진정서를 작성할 때 훌륭한 참고자료가 될 것으로 믿습니다.

대한실무법률편찬연구회

차 례

제3장 진정서

제1장
고발장

제1장/ 고발장

고발장은 고소권자와 범인 이외의 사람이 수사기관에 대하여 범죄사실을 신고하여 범인의 처벌을 구하는 의사표시를 말합니다.

고발은 누구든지 범죄가 있다고 의심되거나 사료되는 경우 고발을 할 수 있으나 자기 또는 배우자의 직계존속(장인, 장모)는 고발하지 못합니다.

고발장은 제1심 판결 선고 전까지는 취소할 수 있습니다.

고소와는 달리 취소한 후에도 다시 그 범인을 고발할 수 있습니다.

고발장은 수사의 단서가 되기 때문에 범죄 사실을 잘 써야 합니다.

평생에 한번 있을까 말까한 고발인들에게는 고발장 작성과 관련하여 그다지 관심도 없이 살아가는 게 정상이라고 공감합니다.

그러나 갑자기 법률적으로 고발해야 할 일이 생기면 고발장의 작성요령과 그에 대한 형식만 알게 되면 그때마다 적절하게 피해사실을 얼마든지 재구성할 수 있고 가치 있는 고발장을 작성할 수 있습니다.

고발을 하는 방식은 제한이 없습니다. 고발장은 일정한 양식이 없습니다.

고발장에는 피해를 입은 내용과 피고소인의 처벌을 원한다는 뜻만 들어 있으면 반드시 무슨 죄에 해당하는지 밝힐 필요는 없습니다.

다만, 피해사실 등의 신고하는 내용이 무엇인지 알 수 있도록 가능한 한 명확하고 특정되어야 합니다.

제1절

고발 의의 -

   고발은 고소권자와 범인 이외의 사람이 수사기관에 대하여 범죄사실을 신고하여 범인의 처벌을 구하는 의사표시를 말합니다.

   고발은 누구든지 범죄가 있다고 의심되는 경우 고발을 할 수 있으나 자기 또는 배우자의 직계존속은 고발하지 못합니다.

   고발은 형사소송법 제234조 제1항에서 "누구든지 범죄가 있다고 사료하는 때에는 고발할 수 있다"고 명시되어 있습니다.

   그래서 고발은 범인 또는 피해자 이외의 제3자가 수사기관에 범죄사실을 신고하여 그 소추를 요구하는 의사표시입니다.

   고소와 고발의 공통점을 들자면 형사사건이란 것이고, 고소나 고발의 방법은 서면(고소장·고발장)이나 구술로 수사기관인 검찰 또는 경찰에 하여야 하는데, 방식은 고소장이나 고발장은 둘 다 같습니다.

   가장 큰 차이점 앞에서 설명했듯이 고소는 피해자가, 고발은 제3자가 하는 것이란 점 알아두면 편리합니다.

   그래서 고발은 수사의 단서 중 하나입니다.

   고발장에 대한 수사를 종결한 결과를 검사는 처분한 날로부터 7일 이내에 고발인에게 그에 대한 취지를 통지하여야 합니다.

가, 고발의 기간

   고발의 경우 고발기간에 제한이 없습니다.

고발장은 취소한 후에도 다시 고발을 할 수도 있습니다.

나, 고발의 취소

고발인은 제1심 판결 선고 전까지 고발을 취소할 수 있습니다.

다, 재고발

고발장은 수사의 단서에 불과합니다.

그러므로 고발을 취소한 사건에 대하여도 다시 고발를 할 수 있음이 원칙입니다.

검사는 과거 고발사건에 대하여 결정을 한 바 있다는 이유로 수사를 하지 않고 각하 결정을 하기 때문에 재고발을 할 수 없는 것으로 알고 있고, 또한 일사부재리원칙에 의하여 다시 고발할 수 없다고 생각하는 사람이 대부분입니다.

그러나 일사부재리원칙은 재판을 받은 것에 관한 것이고, 수사는 재판이 아니므로 수사에는 일사부재리원칙이 적용되지 않으므로 재고발를 할 수 있습니다.

검사가 재고발 하는 고발장을 읽고 범죄 혐의 인정될 가능성이 농후한 사건이라는 판단을 하면 과거의 결정을 무시하고 다시 수사를 하고 그렇지 않을 경우 수사를 하지 않는 각하 결정을 합니다.

그래서 고발장은 잘 써야하는 것입니다.

제2절

고발장 작성 요령 -

　민사소송에서는 공개변론주의에 의하여 원고가 소장에서 공격을 하면 피고가 답변서로 방어하기 때문에 피고의 항변을 바로 원고가 알 수 있고 그에 따른 사실관계를 여러 번 낼 수 있으므로 자세한 사실관계를 밝힐 기회가 있습니다.

　그러나 수사는 엄격한 밀행주의가 지배하고 있기 때문에 고발인으로서는 피고발인이 어떤 부분 무엇에 대하여 변소를 하고, 무슨 문서를 자신의 주장을 증명하기 위하여 입증자료로 제출하였는가를 전혀 알 수 없습니다.

　모든 수사는 수사관의 직권에 의하여 수사가 종결되기 때문에 고발인으로서는 고발장에서 자세한 사실관계를 기재하지 않으면 다시 적어 낼 기회조차 없습니다.

　고소와 고발의 공통점은 모두 형사사건이란 것이고, 고소나 고발의 방법은 서면(고소장·고발장)이나 구술로 수사기관인 검찰 또는 경찰에 하여야 하는데, 방식은 고소장이나 고발장은 둘 다 같습니다.

　가장 큰 차이점은 고소는 피해자가, 고발은 제3자가 하는 것이란 점이 다를 뿐이므로 고발장도 고소장과 작성방법은 모두 같습니다.

　고발인이 피고발인을 고발하여 처벌받게 하려면 중요한 3가지가 충족되어야 합니다.

　하나는 고발인이 잘 작성한 고발장을 수사기관에 제출하여야 하고, 고발장에서 원용한 사실관계 또한 잘 진술해야 합니다.

둘째는 담당 수사관이 범죄혐의 인정되는 방향으로 고발인이 열성적으로 조사를 해야 합니다.

셋째는 사법경찰관이 조사한 것을 검사가 정의롭게 결정하는 것 3가지가 충족되어야 가능합니다.

고발장은 피고발인이 자신의 범행을 부인할 경우 고발인이 적극적으로 조사하고 이를 뒤집을 수 있는 증거자료를 제출하는 등 수사관으로 하여금 피고발인에게 자백을 받아 낼 수 있도록 열성을 띠어야 합니다.

이렇게 하지 않으면 수사관은 진행과정을 상세히 물어 누가 경험칙에 어긋나는 진술을 하는가를 밝히는 것이 수사의 기본 원칙입니다.

대부분의 수사관은 고발장이 제출되면 수사 초기에 유죄의 방향으로 수사할 것인가 아니면 무혐의 방향으로 수사할 것인가를 마음에 두고 수사를 하게 됩니다.

수사 도중에 수사의 방향을 바꾸는 경우 드문 일이므로 처음부터 수사관이 어떤 방향으로 수사가 되는가는 중요한 데 잘 작성된 고발장이야 말로 수사관으로 하여금 피고발인의 범행을 유죄의 심증을 갖게 하는 역할을 하기 때문에 고발장 작성은 사실관계가 중요합니다.

고발장은 건축으로 말하면 설계도와도 같습니다.

사실관계를 잘 작성한 고발장이 기와집을 짓도록 작성하였다면 수사관은 초가집으로 바꾸어 질 수 없고 고발장에 기재된 사실관계에 따라 기와집을 지으려고 대대적인 수사를 하게 되는 것입니다.

고발장을 허술하고 사실관계를 간략하게 작성하면 수사관이 잘못 해석하고 다른 방향으로 수사를 전개할 수 있으므로 고발장은 건축설계도와 같이 세심하게 작성되는 것과 같이 상세히 잘 작성되어져야 합니다.

　아무리 시간에 쫓기는 검사일지라도 경찰에서 수사한 고발사건을 결정할 때는 먼저 사법경찰관이 작성한 의견서를 읽어보고 그 다음에 반드시 고발장을 읽고 두 가지를 비교 검토한 후 결정합니다.

　고발장을 읽어보면 범죄 혐의 인정될 가능성이 농후함에도 사법경찰관이 무혐의 의견으로 송치한 사건에 대하여는 검사는 기록 전체를 다시 읽어 검찰에서 다시 수사를 할 것인가 여부를 결정하기 때문에 고발인이 잘 작성해 낸 고발장은 사법경찰관이 작성한 의견서만큼이나 힘을 발휘하는 가치가 있습니다.

　아무리 많은 분량이라도 고발장에 문맥이 잘 연결되어 이해될 수 있도록 작성하면 장문의 글이라도 충분히 읽을 수 있으므로 고발장에는 사실관계를 꼼꼼하게 기재하여야 합니다.

제3절

고발장 구체적인 작성방법 -

　　고발장의 1페이지에는 고발사건의 접수를 위하여 상당한 공간이 필요하기 때문에 상단 중간으로 큰 글자로 고발장이라고 표시하고, 그 아래 중앙부분 왼쪽에서 고발인과 피고발인이 누구라는 것을 기재하고 하단 중앙 부분으로 어느 수사기관에 제출하는 것인지를 기재하면 됩니다.

　　그리고 여백의 적당한 곳으로 피고발인의 사촌이 경찰서장이거나 경찰간부로 근무하고 있어 경찰서로 수사지휘하면 편파수사가 될 소지가 있으므로 귀 검찰청에서 수사해 주기 바란다고 기재하면 됩니다.

가, 고발인과 피고발인의 인적사항기재

　　고발장 2페이지에는 고발인과 피고발인의 인적사항을 기재하여야 하는 데 고발인이 여러 명일 경우 고발인1, 고발인2, 고발인3으로 피고발인이 역시 여러 명일 경우 피고발인1, 피고발인2, 피고발인3으로 각 기재하면 됩니다.

　　따라서 고발인이 많은 경우 별첨 고발인 명단 기재와 같이 고발인1 누구 외 몇 명이라고 기재하고 고발인 명단을 첨부합니다.

　　고발인이나 피고발인에 대한 즉시 연락이 가능한 휴대전화를 기재하는 것이 관례입니다.

　　법인이 피해를 입은 사건에 대하여는 법인이 고발인이 될 수 있습니다. 법인이 고발하는 경우 주식회사의 명칭을 기재하고 주소를 기재하고 대표이사 누구누구라고 기재하여 법인이 고발함을 명백히 표시하여야 합니다.

피고발인의 인적사항을 전혀 몰라도 고발할 수 있으므로 이러한 경우 일체 미상으로 기재하거나 40대 후반 또는 30대 가량의 키 175센티미터 가량으로 기재하거나 오른 쪽 팔에 무슨 문신을 한 남자 등으로 기재할 수 있습니다.

범죄는 사람이 자행하는 것이고 사람으로 의제되는 법인은 범죄를 자행할 수 없습니다.

그러므로 주식회사 등 법인은 피고발인이 될 수 없습니다.

나, 고발의 취지

고발장에는 고발의 취지를 기재하여야 하는데 이 고발사건을 수사하면 이러한 범죄 혐의를 인정할 수 있다고 주장하는 범죄 사실을 기재하는 것이 원칙입니다.

범죄 사실은 어떤 사건은 한 가지 범죄 사실만 인정될 가능성이 있는 것이 아니라 이 범죄가 인정 안 되면 저 범죄는 인정된다고 말할 수 있는 것이 있으며, 고발인이 피고발인의 행위에 대하여 일부만 알고 있어 공소장에 기재되는 범죄 사실과 같은 내용의 고발의 취지를 기재하기가 불가능한 경우도 있습니다.

다, 인과관계

고발인과 피고발인의 친척관계는 수사에 있어 매우 중요하므로 반드시 고발장에 기재하여야 합니다.

고발인과 피고발인 간에 친인척 관계가 있으면 친족상도 례 적용될 수 있는 사건의 경우에는 빠뜨리지 말고 기재하여야 합니다.
고발장에는 피고발인과 아무런 관계가 아니라면 친인척 관계없습니다, 라고 기재하면 됩니다.

라, 고발의 사실

　　고발장에는 고발인과 피고발인 간에 발생되었던 사실관계를 자세히 잘 기재하고, 이렇게 기재된 사실관계의 사실들이 어떤 이유에서 무엇이 사실임을 인정할 수 있는가를 설명하여야 합니다.

　　피고발인이 고발인의 집에 몰래 들어가 장롱에서 시계 한 개를 들고 나왔다는 말은 사실적인 말이고, 피고발인이 절도 행각을 했다는 말은 평가적인 말입니다.

　　그러므로 고발장에는 90%이상이 사실적인 말과 10%가 평가적인 말들로 기재되어야 한다고 말할 수 있을 정도로 주로 육하원칙에 맞는 사실관계들로 기재되어야 합니다.

　　고발장에 고발사실은 고발인과 피고발인 간의 과거지사를 기술하듯이 기재하는 것입니다. 발생한 일자는 빠른 것부터 순차적으로 기재하고 수사관이 제대로 범행을 파악할 수 있도록 순서대로 나열해 주고 이해를 돕기 위해 부연설명을 함으로써 피고발인을 추궁하여 자백을 받아낼 수 있도록 기재하는 것이 좋습니다.

　　계약과 관련한 고발사건과 관련하여 피해를 입은 사건에서는 계약의 요지를 고발장에 기재하여야만 그 다음의 고발사실과 문맥이 연결될 수 있습니다.

　　또한 고발내용에 후일 피고발인이 부인할 경우 그 일시 장소에 임하여 입회한 참고인 조사가 필요할 수 있다는 내용을 기재함으로써 수사관에게 참고인 조사를 요청할 때도 떳떳할 수 있습니다.

마, 구속 수사의 필요성

　　피고발인을 구속 수사하여 줄 것을 바라는 내용은 고발사실을 기재한 다음 그 아래로 아래와 같이 해당하는 점들이 있음을 기재하면 됩니다.

　　가) 피고발인이 일정한 주거가 없다는 점,
　　나) 임시숙소 모텔이나 여관 등에서 임시적으로 살고 있는 사실
　　다) 주민등록지에 살고 있지 않거나, 주민등록이 말소된 경우
　　라) 거주지에 다른 가족들이 함께 살고 있지 않은 경우
　　마) 거주지를 자주 옮기는 경우

　　피고발인이 증거를 인멸할 우려가 있다는 점

　　가) 증거서류와 증거들을 파기, 변경, 은닉, 위조 또는 변조한 경우
　　나) 공범에 의하여 고발인이 회유, 협박당할 우려가 있는 경우
　　다) 공범들이 공모하여 거짓 사실을 꾸밀 우려가 있는 경우
　　라) 피고발인이 직접 또는 제3자를 시켜 고발인이나 고발인의 가족을 협박한 사실이 있는 경우

　　피고발인이 도망할 우려가 있다는 점

　　가) 외국으로 나가 장기간 체류할 수 있는 여건이 있는 경우
　　나) 범죄를 계속하거나 다시 같은 죄를 범할 우려가 있는 경우
　　다) 집행유예 기간 중이거나 집행유예 결격 등 전과가 있는 경우
　　라) 피고발인이 도망을 한 적이 있거나 도망을 준비한 경우

제4절

고발장 접수방법 -

　　고발장은 경찰서나 검찰청에 직접 출두하여 민원실에 제출하거나 출두가 어려운 경우 우편으로도 제출할 수 있습니다.

　　고발는 수사기관에 제출하는 것이 고발인에게 유리합니다.

　　고발장을 수사기관의 상급기관으로도 제출할 수는 있겠지만 해당 수사기관이 아닌 고위공직자에게 고발장을 제출하는 것은 다시 해당 수사기관으로 고발장이 전달되기는 하나 전달되기까지는 상당한 기간이 소요될 수 있으므로 그만큼 수사가 지연되면 고발인에게 손해가 될 수 있습니다.

　　특히 고발장은 수사기관 경찰서나 검찰청의 어느 곳이든 제출할 수 있겠으나 최소한

　　1. 피고발인의 거주지(현재의 거주지)

　　2. 범죄지(범죄발생지)

　　3. 고발인의 주소지를 관할하는 수사기관의 순위에 따라 접수하는 것이 훨씬 유리합니다.

　　왜냐하면 수사기관에서 피고발인에게 출석요구를 3회 이상 불응하면 대개 피고발인의 주거지를 관할하는 수사기관으로 고발사건을 인계하여 그만큼 수사가 지연될 수 있기 때문입니다.

제5절 고발장 죄명별 실전 사례

【고발장(1)】 지방직 허가담당 공무원이 금품을 수수하고 영업허가를 내주어 철저히 수사하여
엄벌에 처해 달라는 고발장

고　발　장

1. 고 발 인

성　명	○ ○ ○	주민등록번호	생략	
주　소	대전시 ○○구 ○○로 ○○, ○○○호(○○동, ○○빌라)			
직　업	상업	사무실 주　소		
전　화	(휴대폰) 010 - 2055 - 0000			
대리인에 의한 고발	□ 법정대리인 (성명 :　　　　, 연락처　　　　　　) □ 고발대리인 (성명 : 변호사　, 연락처　　　　　　)			

2. 피고발인

성　명	○ ○ ○	주민등록번호	123456 - 0000000	
주　소	대전시 ○○구 ○○로 ○○, ○○-○○○호(○○동)			
직　업	공무원	사무실 주　소	알 수 없습니다.	
전　화	(휴대폰) 010 - 2434 - 0000			
기타사항	고발인과의 관계 : 친·인척관계 없습니다.			

3. 고발취지

고발인은 피고발인을 허가담당공무원이 금품을 받고 불법으로 허가를 한 죄로 고발하오니 법에 준엄함을 깨달을 수 있도록 철저히 수사하여 엄벌에 처해 주시기 바랍니다.

4. 범죄사실

(1) 고발인은 ○○○○. ○○. ○○. 대전시 ○○구 ○○로 ○○번지 신축빌 딩 지하1층에 호프집을 운영하기 위하여 허가를 받고자 ○○구청에 찾아 가 허가에 필요한 시설과 관련서류를 알아보았더니 정화조시설 등 시설 비용이 많이 들어갈 것 같아 1주일 전에 같은 업종에 허가를 받은 ○○ ○에게 찾아가 어떤 방법으로 설치하였으며 공사업자는 누구에게 시켰는 지 물어보았더니

(2) ○○○은 고발인에게 융통성이 없다면서 허가기준에 맞춰 공사를 하자면 금액이 1,500만원은 들어갈 것인데 그 비용을 어떻게 충당하려고 그러시나 그러지 말고 자기가 방법을 가르쳐 줄 것이니 그 방법대로 하라고 하면서 자기도 그렇게 하여 300만원만 들이고 허가를 받았다는 것이었습니다.

(3) 방법인즉 담당과장인 피고발인을 찾아가 금 500만원을 주고 정화조 시설 은 조그마하게 형식적으로 만들어 놓으면 알아서 다 허가를 내주니까 그 렇게 하라는 것이었습니다.

(4) 요즘 신규로 허가를 받는 사람들은 다 그렇게 하고 있으니 염려하지 말 라는 것이었으나 고발인은 처음에는 그렇게 할까도 생각해 보았으나 하 루 이틀 할 장사도 아니고 나중에 단속이 있으면 그때마다 또 금품을 제 공하여야 될 것 같아 규정대로 시공을 하고 허가를 받았으나

(5) 돈을 주지 않아서 그런지 허가과정에서 담당과장인 피고발인이 상당히

까다롭게 트집을 잡는 등 허가과정에서 정말 상당한 애로를 겪었습니다.

(6) 규정대로 하였는데도 왜 이렇게 힘들었을까 생각해 보니 다른 사람들과 같이 금품을 지급하지 않아서 그런 것 같기도 하지만 까다로운 허가과정 에는 이의가 없으나 상기와 같이 공무원이 금품을 받고 규정에 어긋나는 허가 등을 남발하여서는 아니 되겠기에

(7) 금품을 제공받고 법규에 어긋나는 허가를 일삼는 허가담당과장인 피고발 인을 고발하오니 다시는 이러한 피해자가 발생하지 않도록 법의 준엄함 을 깨달을 수 있도록 엄벌에 처하여 주시기 바랍니다.

5. 증거자료

□ 고발인은 피고발인의 진술 외에 제출할 증거가 없습니다.
■ 고발인은 피고발인의 진술 외에 제출할 증거가 있습니다.
  ☞ 제출할 증거의 세부내역은 별지를 작성하여 첨부합니다.

6. 관련사건의 수사 및 재판여부

① 중복 고발 여부	본 고발장과 같은 내용의 고발장을 다른 검찰청 또는 경찰서에 제출하거나 제출하였던 사실이 있습니다 □ / 없습니다 ■
② 관련 형사사건 수사 유무	본 고발장에 기재된 범죄사실과 관련된 사건 또는 공 범에 대하여 검찰청이나 경찰서에서 수사 중에 있습니 다 □ / 수사 중에 있지 않습니다 ■
③ 관련 민사소송 유무	본 고발장에 기재된 범죄사실과 관련된 사건에 대하여 법원에서 민사소송 중에 있습니다 □ / 민사소송 중에 있지 않습니다 ■

7. 기타

본 고발장에 기재한 내용은 고발인이 알고 있는 지식과 경험을 바탕으로 모 두 사실대로 작성하였으며, 만일 허위사실을 고발하였을 때에는 형법 제156

조 무고죄로 처벌받을 것임을 아울러 서약합니다.

○○○○ 년 ○○ 월 ○○ 일

위 고발인 : ○ ○ ○   (인)

대전지방검찰청 검사장 귀중

별지 : 증거자료 세부 목록
   (범죄사실 입증을 위해 제출하려는 증거에 대하여 아래 각 증거별로
   해당란을 구체적으로 작성해 주시기 바랍니다)

1. 인적증거

성 명	○ ○ ○	주민등록번호	123456 - 2233421		
주 소	자택 : 대전시 ○○구 ○○로 ○○, ○○○호 직장 : 대전시 ○○구 ○○동로 ○○, ○○호			직업	상업
전 화	(휴대폰) 010 - 9879 - 0000				
입증하려는 내 용	위 ○○○은 피고발인에게 금품을 지급하고 허가를 받은 사실이 있어 이를 입증하고자 합니다.				

2. 증거서류

순번	증 거	작성자	제출 유무	
1	진술서	진술인	■ 접수시 제출	□ 수사 중 제출
2			□ 접수시 제출	□ 수사 중 제출
3			□ 접수시 제출	□ 수사 중 제출
4			□ 접수시 제출	□ 수사 중 제출
5			□ 접수시 제출	□ 수사 중 제출

3. 증거물

순번	증 거	소유자	제출 유무	
1	진술서	고발인	■ 접수시 제출	□ 수사 중 제출
2			□ 접수시 제출	□ 수사 중 제출
3			□ 접수시 제출	□ 수사 중 제출
4			□ 접수시 제출	□ 수사 중 제출
5			□ 접수시 제출	□ 수사 중 제출

4. 기타증거

   추후 필요에 따라 제출하겠습니다.

고 발 장

1. 고 발 인

성 명	○ ○ ○	주민등록번호	123456 - 0000000
주 소	부산시 ○○구 ○○로 ○○, ○○○호(○○동)		
직 업	개인사업	사무실 주 소	
전 화	(휴대폰) 010 - 2342 - 0000		
대리인에 의한 고발	□ 법정대리인 (성명 : , 연락처) □ 고발대리인 (성명 : 변호사 , 연락처)		

2. 피고발인

성 명	○ ○ ○	주민등록번호	123456 - 0000000
주 소	부산시 ○○구 ○○로 ○○, ○○-○○○호(○○동)		
직 업	개인사업	사무실 주 소	○○시 ○○로 ○○, ○○○호
전 화	(휴대폰) 010 - 9088 - 0000		
기타사항	고발인과의 관계 : 친·인척관계 없습니다.		

3. 고발취지

　고발인은 피고발인을 금품 등을 교부받고 특정인을 낙찰되게 한 죄로 고발하오니 법에 준엄함을 깨달을 수 있도록 철저히 수사하여 엄벌에 처해 주시기 바랍니다.

4. 범죄사실

(1) 고발인은 ○○○○. ○○. ○○.14:30경 ○○시청 앞에 있는 ○○커피숍에서 이번 ○○시에서 추진하는 ○○아파트 건설에 입찰을 위해 서류를 준비하고 있었습니다.

(2) 한데 피고발인이 같은 건설업자인 ○○○과 위 커피숍에서 만나 이야기를 하더니 ○○○으로부터 봉투를 건네받는데 보니까 분명 현금봉투 같았습니다.

(3) 그 후 고발인과 ○○○은 입찰에 응했고, 나중에 낙찰결과를 보니 고발인은 떨어졌는데 ○○○은 낙찰을 받게 된 것이었습니다.

(4) 공무원이란 신분으로 오히려 더 공정해야할 입찰 등에 불법적으로 개입하여 금품을 받고 특정인에게 낙찰이 되도록 사전에 정보를 알려주는 등의 행위는 있을 수 없는 불법행위입니다.

5. 고발이유

(1) 이에 피고발인을 고발하오니 철저히 수사하여 다시는 이러한 일이 없도록 경종을 울리고 법의 준엄함을 깨달을 수 있도록 엄벌에 처하여 주시기 바랍니다.

6. 증거자료

　　□ 고발인은 피고발인의 진술 외에 제출할 증거가 없습니다.
　　■ 고발인은 피고발인의 진술 외에 제출할 증거가 있습니다.
　　　　☞ 제출할 증거의 세부내역은 별지를 작성하여 첨부합니다.

7.관련사건의 수사 및 재판여부

① 중복 고발 여부	본 고발장과 같은 내용의 고발장을 다른 검찰청 또는 경찰서에 제출하거나 제출하였던 사실이 있습니다 □ / 없습니다 ■
② 관련 형사사건 수사 유무	본 고발장에 기재된 범죄사실과 관련된 사건 또는 공범에 대하여 검찰청이나 경찰서에서 수사 중에 있습니다 □ / 수사 중에 있지 않습니다 ■
③ 관련 민사소송 유무	본 고발장에 기재된 범죄사실과 관련된 사건에 대하여 법원에서 민사소송 중에 있습니다 □ / 민사소송 중에 있지 않습니다 ■

8.기타

본 고발장에 기재한 내용은 고발인이 알고 있는 지식과 경험을 바탕으로 모두 사실대로 작성하였으며, 만일 허위사실을 고발하였을 때에는 형법 제156조 무고죄로 처벌받을 것임을 아울러 서약합니다.

○○○○ 년 ○○ 월 ○○ 일

위 고발인 : ○ ○ ○   (인)

부산지방검찰청 검사장 귀중

별지 : 증거자료 세부 목록

  (범죄사실 입증을 위해 제출하려는 증거에 대하여 아래 각 증거별로 해당란을 구체적으로 작성해 주시기 바랍니다)

1. 인적증거

성 명	○ ○ ○	주민등록번호	123456 - 1122334		
주 소	자택 : 직장 : ○○시 ○○로 ○○, ○○○호			직업	회사원
전 화	(휴대폰) 010 - 2345 - 0000				
입증하려는 내 용	위 ○○○은 고발인과 ○○시청 앞 커피숍에서 피고발인과 ○○○이 만나서 봉투를 주고받는 것을 목격하여 이를 입증하고자 합니다.				

2. 증거서류

순번	증 거	작성자	제출 유무
1	입찰참가안내서	○○시청	■ 접수시 제출 □ 수사 중 제출
2	응찰표	○○시청	■ 접수시 제출 □ 수사 중 제출
3			□ 접수시 제출 □ 수사 중 제출
4			□ 접수시 제출 □ 수사 중 제출
5			□ 접수시 제출 □ 수사 중 제출

3. 증거물

순번	증 거	소유자	제출 유무
1	응찰표	고발인	■ 접수시 제출 □ 수사 중 제출
2			□ 접수시 제출 □ 수사 중 제출
3			□ 접수시 제출 □ 수사 중 제출
4			□ 접수시 제출 □ 수사 중 제출
5			□ 접수시 제출 □ 수사 중 제출

4. 기타증거

 추후 필요에 따라 제출하겠습니다.

【고발장(3)】 공사장의 굉음과 소음공해로 주거생활에 고통을 주고 있어 철저히 수사하여 엄벌에 처해달라는 고발장

고 발 장

1. 고 발 인

성 명	○ ○ ○	주민등록번호	123456 - 0000000
주 소	부산시 ○○구 ○○로, ○○○, ○○○호(○○동)		
직 업	상업	사무실 주 소	부산시 ○○구 ○○길 ○○, ○○○호
전 화	(휴대폰) 010 - 8765 - 0000		
대리인에 의한 고발	□ 법정대리인 (성명 : , 연락처) □ 고발대리인 (성명 : 변호사 , 연락처)		

2. 피고발인

성 명	○ ○ ○	주민등록번호	알지 못합니다.
주 소	부산시 ○○구 ○○로 ○○, ○○-○○○호		
직 업	건축업	사무실 주 소	부산시 ○○구 ○○길 ○○, ○○○호
전 화	(휴대폰) 010 - 2456 - 0000		
기타사항	고발인과의 관계 : 친·인척관계 없습니다.		

3. 고발취지

고발인은 피고발인을 소음공해 죄로 고발하오니 법에 준엄함을 깨달을 수 있도록 철저히 수사하여 엄벌에 처해 주시기 바랍니다.

4. 범죄사실

(1) 고발인은 부산시 ○○구 ○○길 ○○, ○○○호에 거주하는 사람으로서 ○○○○. ○○. ○○.경 피고발인이 이곳에 소음이 극심한 토목공사를 하면서 공사장 먼지의 차단막을 설치하지 않고 공사를 강행하고 있습니다.

(2) 공사장에서 나오는 소음과 먼지를 방지하기 위해 방음장치와 차단막을 설치하여야 함에도 불구하고 피고발인은 이를 전연 설치하지 아니하여 항상 땅을 파고 쇠붙이를 막는 등의 시끄러운 소음과 먼지가 그대로

(3) 인근주택에 울림으로 인하여 고발인은 주거생활에 엄청난 고통을 겪고 있습니다.

(4) 이에 고발인이 피고발인에게 찾아가 고통을 호소하고 그에 대한 시정을 요구하였지만 아직도 시정이 안 되고 있습니다.

5. 고발이유

(1) 이에 이웃에서 소음으로 공사장에서 나오는 먼지로 생활에 고통을 받고 있는 고발인은 피고발인을 고발하오니 법의 준엄함을 깨달을 수 있도록 엄벌에 처하여 주시기 바랍니다.

6. 증거자료

　　□ 고발인은 피고발인의 진술 외에 제출할 증거가 없습니다.
　　■ 고발인은 피고발인의 진술 외에 제출할 증거가 있습니다.
　　　☞ 제출할 증거의 세부내역은 별지를 작성하여 첨부합니다.

7. 관련사건의 수사 및 재판여부

① 중복 고발 여부	본 고발장과 같은 내용의 고발장을 다른 검찰청 또는 경찰서에 제출하거나 제출하였던 사실이 있습니다 □ / 없습니다 ■
② 관련 형사사건 수사 유무	본 고발장에 기재된 범죄사실과 관련된 사건 또는 공범에 대하여 검찰청이나 경찰서에서 수사 중에 있습니다 □ / 수사 중에 있지 않습니다 ■
③ 관련 민사소송 유무	본 고발장에 기재된 범죄사실과 관련된 사건에 대하여 법원에서 민사소송 중에 있습니다 □ / 민사소송 중에 있지 않습니다 ■

8. 기타

본 고발장에 기재한 내용은 고발인이 알고 있는 지식과 경험을 바탕으로 모두 사실대로 작성하였으며, 만일 허위사실을 고발하였을 때에는 형법 제156조 무고죄로 처벌받을 것임을 아울러 서약합니다.

○○○○ 년 ○○ 월 ○○ 일

위 고발인 : ○ ○ ○ (인)

부산 ○○경찰서장 귀중

별지 : 증거자료 세부 목록

      (범죄사실 입증을 위해 제출하려는 증거에 대하여 아래 각 증거별로 해당란을 구체적으로 작성해 주시기 바랍니다)

1. 인적증거

성 명	○ ○ ○	주민등록번호	123456 - 2233421		
주 소	자택 : 울산시 ○○로 ○○, ○○○호 직장 :			직업	가정주부
전 화	(휴대폰) 010 - 4568 - 0000				
입증하려는 내 용	위 ○○○은 고발인과 같은 이웃에 거주하면서 피고발인의 공사현장에서 나오는 소음과 먼지로 고통을 받고 있기 때문에 이를 입증하고자 합니다.				

2. 증거서류

순번	증 거	작성자	제출 유무
1	내용증명통고서	고발인	■ 접수시 제출 □ 수사 중 제출
2			□ 접수시 제출 □ 수사 중 제출
3			□ 접수시 제출 □ 수사 중 제출
4			□ 접수시 제출 □ 수사 중 제출
5			□ 접수시 제출 □ 수사 중 제출

3. 증거물

순번	증 거	소유자	제출 유무
1	내용증명	고발인	■ 접수시 제출 □ 수사 중 제출
2			□ 접수시 제출 □ 수사 중 제출
3			□ 접수시 제출 □ 수사 중 제출
4			□ 접수시 제출 □ 수사 중 제출
5			□ 접수시 제출 □ 수사 중 제출

4. 기타증거

   추후 필요에 따라 제출하겠습니다.

【고발장(4)】 공장내부에서 오폐수를 몰래 농지로 방류해 농사를 지을 수 없어서 처벌해 달라
　　　　　　는 고발장

고　발　장

1.고 발 인

성　명	○ ○ ○	주민등록번호	123456 - 0000000
주　소	김포시 대곶면 ○○로 ○○, ○○○호(상마리)		
직　업	농업	사무실 주　소	
전　화	(휴대폰) 010 - 2055 - 0000		
대리인에 의한 고발	□ 법정대리인 (성명 :　　　　, 연락처　　　　　　) □ 고발대리인 (성명 : 변호사　 ;　연락처　　　　　)		

2.피고발인

성　명	○ ○ ○	주민등록번호	1011002 - 0000000
주　소	김포시 대곶면 ○○로 ○○, ○○-○○○호		
직　업	공업	사무실 주　소	김포시 ○○면 ○○로 ○○○,
전　화	(휴대폰) 010 - 3345 - 0000		
기타사항	고발인과의 관계 : 친·인척관계 없습니다.		

3.고발취지

　고발인은 피고발인을 공장폐수를 무단방류한 죄로 고발하오니 법에 준엄함
을 깨달을 수 있도록 철저히 수사하여 엄벌에 처해 주시기 바랍니다.

4. 범죄사실

(1) 고발인은 주소지에서 농업에 종사하는 자이고, 피고발인은 같은 동에 있는 주식회사 ○○금속으로서 화학약품으로 도장을 하는 회사입니다.

(2) 위 회사가 ○○○○. ○○○. ○○.부터 가동을 시작한 이래 주위토지에서 농사를 짓고 있는 고발인의 토지 및 하천이 오염되어 심한 악취가 나고 농사를 지을 수 없습니다.

(3) 피고발인의 공장에서 몰래 흘러 보내는 폐수의 방류로 인하여 환경오염이 날로 극심하여 농민들이 찾아가 항의도 해보았으나 피고발인은 시정할 기미가 전혀 보이지 않아

(4) 피고발인을 위와 같이 고발하오니 철저히 수사하여 법의 준엄함을 깨달을 수 있도록 엄벌에 처하여 주시기 바랍니다.

5. 증거자료

　□ 고발인은 피고발인의 진술 외에 제출할 증거가 없습니다.
　■ 고발인은 피고발인의 진술 외에 제출할 증거가 있습니다.
　　☞ 제출할 증거의 세부내역은 별지를 작성하여 첨부합니다.

6. 관련사건의 수사 및 재판여부

① 중복 고발 여부	본 고발장과 같은 내용의 고발장을 다른 검찰청 또는 경찰서에 제출하거나 제출하였던 사실이 있습니다 □ / 없습니다 ■
② 관련 형사사건 수사 유무	본 고발장에 기재된 범죄사실과 관련된 사건 또는 공범에 대하여 검찰청이나 경찰서에서 수사 중에 있습니다 □ / 수사 중에 있지 않습니다 ■
③ 관련 민사소송 유무	본 고발장에 기재된 범죄사실과 관련된 사건에 대하여 법원에서 민사소송 중에 있습니다 □ / 민사소송 중에 있지 않습니다 ■

7. 기타

본 고발장에 기재한 내용은 고발인이 알고 있는 지식과 경험을 바탕으로 모두 사실대로 작성하였으며, 만일 허위사실을 고발하였을 때에는 형법 제156조 무고죄로 처벌받을 것임을 아울러 서약합니다.

○○○○ 년 ○○ 월 ○○ 일

위 고발인 : ○ ○ ○ (인)

김포경찰서장(부천지청) 귀중

별지 : 증거자료 세부 목록

(범죄사실 입증을 위해 제출하려는 증거에 대하여 아래 각 증거별로 해당란을 구체적으로 작성해 주시기 바랍니다)

1. 인적증거

성 명	○ ○ ○	주민등록번호	123456 - 2233421		
주 소	자택 : 김포시 대곶면 ○○로 ○○, ○○호 직장 :			직업	농업
전 화	(휴대폰) 010 - 9801 - 0000				
입증하려는 내 용	위 ○○○은 피고발인의 공장 인근에서 농사를 짓고 있는 농부로서 공장에서 몰래 방류한 폐수로 인하여 악취가 심한 사실을 잘 알고 있으므로 이를 입증하고자 합니다.				

2. 증거서류

순번	증 거	작성자	제출 유무	
1	폐수 무단 방류한 사진	고발인	■ 접수시 제출	□ 수사 중 제출
2			□ 접수시 제출	□ 수사 중 제출
3			□ 접수시 제출	□ 수사 중 제출
4			□ 접수시 제출	□ 수사 중 제출
5			□ 접수시 제출	□ 수사 중 제출

3. 증거물

순번	증 거	소유자	제출 유무	
1	폐수를 방류한 사진	고발인	■ 접수시 제출	□ 수사 중 제출
2			□ 접수시 제출	□ 수사 중 제출
3			□ 접수시 제출	□ 수사 중 제출
4			□ 접수시 제출	□ 수사 중 제출
5			□ 접수시 제출	□ 수사 중 제출

4. 기타증거

추후 필요에 따라 제출하겠습니다.

고 발 장

1. 고 발 인

성 명	○ ○ ○	주민등록번호	123456 - 0000000
주 소	울산시 ○○구 ○○로, ○○○, ○○○호(○○동)		
직 업	상업	사무실 주 소	울산시 ○○구 ○○길 ○○, ○○○호
전 화	(휴대폰) 010 - 8765 - 0000		
대리인에 의한 고발	□ 법정대리인 (성명 : , 연락처) □ 고발대리인 (성명 : 변호사 , 연락처)		

2. 피고발인

성 명	○ ○ ○	주민등록번호	알지 못합니다.
주 소	울산시 ○○구 ○○로 ○○, ○○-○○○호		
직 업	공업	사무실 주 소	울산시 ○○구 ○○길 ○○, ○○○호
전 화	(휴대폰) 010 - 2456 - 0000		
기타사항	고발인과의 관계 : 친·인척관계 없습니다.		

3. 고발취지

  고발인은 피고발인을 소음공해 죄로 고발하오니 법에 준엄함을 깨달을 수
있도록 철저히 수사하여 엄벌에 처해 주시기 바랍니다.

4. 범죄사실

(1) 고발인은 울산시 ○○구 ○○길 ○○, ○○○호에 거주하는 사람으로서 ○○○○. ○○. ○○.경 피고발인이 이곳에 소음이 극심한 ○○철제품을 생산하는 공장을 설립하고

(2) 공장에서 나오는 소음을 방지하기 위해 방음장치를 설치하여야 함에도 불구하고 이를 전연 설치하지 아니하여 항상 쇠붙이를 절단하는 등의 시끄러운 소음이 그대로

(3) 인근주택에 울림으로 인하여 고발인은 말로서는 도저히 표현할 수 없는 생활에 고통을 겪고 있습니다.

(4) 이에 고발인이 피고발인에게 찾아가 고통을 호소하고 그에 대한 시정을 요구하였지만 아직도 시정이 안 되고 있습니다.

5. 고발이유

(1) 이에 이웃에서 소음으로 인한 생활에 고통을 받고 있는 고발인은 피고발인을 고발하오니 법의 준엄함을 깨달을 수 있도록 엄벌에 처하여 주시기 바랍니다.

6. 증거자료

□ 고발인은 피고발인의 진술 외에 제출할 증거가 없습니다.
■ 고발인은 피고발인의 진술 외에 제출할 증거가 있습니다.
　☞ 제출할 증거의 세부내역은 별지를 작성하여 첨부합니다.

7. 관련사건의 수사 및 재판여부

① 중복 고발 여부	본 고발장과 같은 내용의 고발장을 다른 검찰청 또는 경찰서에 제출하거나 제출하였던 사실이 있습니다 □ / 없습니다 ■
② 관련 형사사건 수사 유무	본 고발장에 기재된 범죄사실과 관련된 사건 또는 공범에 대하여 검찰청이나 경찰서에서 수사 중에 있습니다 □ / 수사 중에 있지 않습니다 ■
③ 관련 민사소송 유무	본 고발장에 기재된 범죄사실과 관련된 사건에 대하여 법원에서 민사소송 중에 있습니다 □ / 민사소송 중에 있지 않습니다 ■

8. 기타

본 고발장에 기재한 내용은 고발인이 알고 있는 지식과 경험을 바탕으로 모두 사실대로 작성하였으며, 만일 허위사실을 고발하였을 때에는 형법 제156조 무고죄로 처벌받을 것임을 아울러 서약합니다.

○○○○ 년 ○○ 월 ○○ 일

위 고발인 : ○ ○ ○ (인)

울산 ○○경찰서장 귀중

별지 : 증거자료 세부 목록

　　　(범죄사실 입증을 위해 제출하려는 증거에 대하여 아래 각 증거별로 해당란을 구체적으로 작성해 주시기 바랍니다)

1. 인적증거

성 명	○ ○ ○	주민등록번호	123456 - 2233421		
주 소	자택 : 울산시 ○○로 ○○, ○○○호 직장 :			직업	가정주부
전 화	(휴대폰) 010 - 4568 - 0000				
입증하려는 내 용	위 ○○○은 고발인과 같은 이웃에 거주하면서 피고발인의 공장에서 나오는 소음으로 고통을 받고 있기 때문에 이를 입증하고자 합니다.				

2. 증거서류

순번	증 거	작성자	제출 유무
1	내용증명통고서	고발인	■ 접수시 제출　　□ 수사 중 제출
2			□ 접수시 제출　　□ 수사 중 제출
3			□ 접수시 제출　　□ 수사 중 세출
4			□ 접수시 제출　　□ 수사 중 제출
5			□ 접수시 제출　　□ 수사 중 제출

3. 증거물

순번	증 거	소유자	제출 유무
1	내용증명	고발인	■ 접수시 제출　　□ 수사 중 제출
2			□ 접수시 제출　　□ 수사 중 제출
3			□ 접수시 제출　　□ 수사 중 제출
4			□ 접수시 제출　　□ 수사 중 제출
5			□ 접수시 제출　　□ 수사 중 제출

4. 기타증거

　　추후 필요에 따라 제출하겠습니다.

【고발장(6)】 도로를 무단 점유하여 영업을 하고 있어 보행에 불편을 겪고 있으므로 철저히
수사하여 엄벌에 처해 달라는 고발장

고 발 장

1. 고 발 인

성 명	○ ○ ○	주민등록번호	123456 - 0000000
주 소	김천시 하리안길 ○○, ○○○호(양천동)		
직 업	상업	사무실 주 소	김천시 ○○로 ○○, ○○호(○○시장)
전 화	(휴대폰) 010 - 2345 - 0000		
대리인에 의한 고발	□ 법정대리인 (성명 : , 연락처) □ 고발대리인 (성명 : 변호사 , 연락처)		

2. 피고발인

성 명	○ ○ ○	주민등록번호	알지 못합니다.
주 소	김천시 ○○로 ○○, ○○-○○○호(○○동)		
직 업	상업	사무실 주 소	김천시 ○○로 ○○, ○○○호(카센타)
전 화	(휴대폰) 010 - 3453 - 0000		
기타사항	고발인과의 관계 : 친·인척관계 없습니다.		

3. 고발취지

고발인은 피고발인을 도로를 무단점유사용 한 죄고 고발하오니 법에 준엄
함을 깨달을 수 있도록 철저히 수사하여 엄벌에 처해 주시기 바랍니다.

4. 범죄사실

(1) 피고발인은 ○○○○. ○○. ○○.부터 ○○그린카센터를 운영하면서 차량정비 시 정비장소가 비좁다는 이유로 고발인의 점포 앞으로 나있는 도로를 무단으로 점유하고 차량정비를 하고 있습니다.

(2) 이로 인하여 도로가 항시 상습적으로 막히고 사람들이 점포 앞으로 보행시에도 그로 인하여 많은 불편함을 겪고 있어 시정을 요구하였습니다.

(3) 그러나 피고발인은 아랑곳하지 않고 오히려 역정을 내고 시정할 생각을 하지 않고 있습니다.

5. 고발이유

(1) 엄연히 통행을 위해 만든 도로인데 그런 식으로 무단으로 점유하는 것은 개인의 이익을 위해

(2) 다수에게 크나큰 불이익을 끼치게 되기 때문에 이에 피고발인을 고발하오니 법의 준엄함을 깨달을 수 있도록 엄벌에 처하여 주시기 바랍니다.

6. 증거자료

☐ 고발인은 피고발인의 진술 외에 제출할 증거가 없습니다.
■ 고발인은 피고발인의 진술 외에 제출할 증거가 있습니다.
　☞ 제출할 증거의 세부내역은 별지를 작성하여 첨부합니다.

7. 관련사건의 수사 및 재판여부

① 중복 고발 여부	본 고발장과 같은 내용의 고발장을 다른 검찰청 또는 경찰서에 제출하거나 제출하였던 사실이 있습니다 □ / 없습니다 ■
② 관련 형사사건 수사 유무	본 고발장에 기재된 범죄사실과 관련된 사건 또는 공범에 대하여 검찰청이나 경찰서에서 수사 중에 있습니다 □ / 수사 중에 있지 않습니다 ■
③ 관련 민사소송 유무	본 고발장에 기재된 범죄사실과 관련된 사건에 대하여 법원에서 민사소송 중에 있습니다 □ / 민사소송 중에 있지 않습니다 ■

8. 기타

본 고발장에 기재한 내용은 고발인이 알고 있는 지식과 경험을 바탕으로 모두 사실대로 작성하였으며, 만일 허위사실을 고발하였을 때에는 형법 제156조 무고죄로 처벌받을 것임을 아울러 서약합니다.

○○○○ 년 ○○ 월 ○○ 일

위 고발인 : ○ ○ ○   (인)

김천경찰서장(김천지청) 귀중

별지 : 증거자료 세부 목록
    (범죄사실 입증을 위해 제출하려는 증거에 대하여 아래 각 증거별로
    해당란을 구체적으로 작성해 주시기 바랍니다)

1. 인적증거

성 명	○ ○ ○	주민등록번호	123456 - 2233421		
주 소	자택 : 김천시 ○○로 ○○, ○○○호 직장 : 김천시 ○○로 ○○, ○○○호			직업	상업
전 화	(휴대폰) 010 - 5678 - 0000				
입증하려는 내 용	위 ○○○은 고발인과 같은 이웃에서 점포를 운영하고 있으면서 피고발인이 카센터를 운영하면서 도로를 점유하여 보행에 불편함을 겪고 있음을 잘 알고 있어 이를 입증하고자 합니다.				

2. 증거서류

순번	증 거	작성자	제출 유무
1	도로점유 사진	고발인	■ 접수시 제출　□ 수사 중 제출
2			□ 접수시 제출　□ 수사 중 제출
3			□ 접수시 제출　□ 수사 중 제출
4			□ 접수시 제출　□ 수사 중 제출
5			□ 접수시 제출　□ 수사 중 제출

3. 증거물

순번	증 거	소유자	제출 유무
1	보행불편 사진	고발인	■ 접수시 제출　□ 수사 중 제출
2			□ 접수시 제출　□ 수사 중 제출
3			□ 접수시 제출　□ 수사 중 제출
4			□ 접수시 제출　□ 수사 중 제출
5			□ 접수시 제출　□ 수사 중 제출

4. 기타증거

    추후 필요에 따라 제출하겠습니다.

【고발장(7)】 불법복제 유포 불법으로 cd를 제작하여 판매 또는 유포하고 있어 조사해 엄벌해
          달라는 고발장

고　발　장

1. 고 발 인

성　명	○ ○ ○	주민등록번호	123456 - 0000000
주　소	수원시 장안구 ○○로, ○○○, ○○○호(○○동)		
직　업	상업	사무실 주소	수원시 ○○구 ○○길 ○○, ○○○호
전　화	(휴대폰) 010 - 2367 - 0000		
대리인에 의한 고발	□ 법정대리인 (성명 :　　　 , 연락처　　　) □ 고발대리인 (성명 : 변호사 , 연락처　　　)		

2. 피고발인

성　명	○ ○ ○	주민등록번호	알지 못합니다.
주　소	오산시 ○○로 ○○, ○○-○○○호		
직　업	무직	사무실 주소	
전　화	(휴대폰) 010 - 9789 - 0000		
기타사항	고발인과의 관계 : 친·인척관계 없습니다.		

3. 고발취지

　고발인은 피고발인을 불법 CD제작 및 유포의 죄로 고발하오니 법에 준엄함을 깨달을 수 있도록 철저히 수사하여 엄벌에 처해 주시기 바랍니다.

4. 범죄사실

(1) 고발인은 피고발인과 이웃에서 여러 번 본 사이인데 피고발인이 어떠한 박스에 물건을 나르고 있어 그냥 일반 물건을 나르는 구나하고 생각했는데 CD를 어디론가 나르는 것이었습니다.

(2) 그런데 이상한 것이 거의 모든 CD가 불법 복제품인 것 같았습니다.

(3) 그래서 좀 이상하다 싶었는데 둘이서 이야기 하는 것을 들었는데 불법으로 CD를 복사해서 중간 책에게 넘겨주는 일을 하고 있었습니다.

(4) 고발인으로서는 피고발인에게 이러한 일은 불법이라 처벌받으니 당장 중단하라고 하였으나 피고발인은 이에 아랑곳하지 않고 계속해서 불법으로 CD를 복사하고 있습니다.

5. 고발이유

(1) 이에 이웃에서 지켜본 고발인은 피고발인을 이해할 수 없어서 고발하오니 법의 준엄함을 깨달을 수 있도록 엄벌에 처하여 주시기 바랍니다.

6. 증거자료

　□ 고발인은 피고발인의 진술 외에 제출할 증거가 없습니다.
　■ 고발인은 피고발인의 진술 외에 제출할 증거가 있습니다.
　　☞ 제출할 증거의 세부내역은 별지를 작성하여 첨부합니다.

7. 관련사건의 수사 및 재판여부

① 중복 고발 여부	본 고발장과 같은 내용의 고발장을 다른 검찰청 또는 경찰서에 제출하거나 제출하였던 사실이 있습니다 □ / 없습니다 ■
② 관련 형사사건 수사 유무	본 고발장에 기재된 범죄사실과 관련된 사건 또는 공범에 대하여 검찰청이나 경찰서에서 수사 중에 있습니다 □ / 수사 중에 있지 않습니다 ■
③ 관련 민사소송 유무	본 고발장에 기재된 범죄사실과 관련된 사건에 대하여 법원에서 민사소송 중에 있습니다 □ / 민사소송 중에 있지 않습니다 ■

8. 기타

본 고발장에 기재한 내용은 고발인이 알고 있는 지식과 경험을 바탕으로 모두 사실대로 작성하였으며, 만일 허위사실을 고발하였을 때에는 형법 제156조 무고죄로 처벌받을 것임을 아울러 서약합니다.

○○○○ 년 ○○ 월 ○○ 일

위 고발인 : ○ ○ ○ (인)

오산경찰서장(평택지청) 귀중

별지 : 증거자료 세부 목록

　　　(범죄사실 입증을 위해 제출하려는 증거에 대하여 아래 각 증거별로 해당란을 구체적으로 작성해 주시기 바랍니다)

1.인적증거

성 명	○ ○ ○	주민등록번호	123456 - 2233421		
주 소	자택 : 수원시 ○○로 ○○, ○○○호 직장 : 수원시 ○○로 ○○, ○○○호			직업	상업
전 화	(휴대폰) 010 - 2345 - 0000				
입증하려는 내 용	위 ○○○은 고발인과 같은 이웃에 거주하면서 피고발인이 cd를 불법으로 복제하는 것을 목격하여 잘 알고 있어 이를 입증하고자 합니다.				

2.증거서류

순번	증 거	작성자	제출 유무
1	목격자진술서	진술인	■ 접수시 제출　　□ 수사 중 제출
2			□ 접수시 제출　　□ 수사 중 제출
3			□ 접수시 제출　　□ 수사 중 제출
4			□ 접수시 제출　　□ 수사 중 제출
5			□ 접수시 제출　　□ 수사 중 제출

3.증거물

순번	증 거	소유자	제출 유무
1	진술서	고발인	■ 접수시 제출　　□ 수사 중 제출
2			□ 접수시 제출　　□ 수사 중 제출
3			□ 접수시 제출　　□ 수사 중 제출
4			□ 접수시 제출　　□ 수사 중 제출
5			□ 접수시 제출　　□ 수사 중 제출

4.기타증거

　　추후 필요에 따라 제출하겠습니다.

고 발 장

1. 고 발 인

성 명	○ ○ ○	주민등록번호	123456 - 0000000
주 소	춘천시 소양로 ○○, ○○-○○○호(○○동, ○○아파트)		
직 업	가정주부	사무실 주 소	
전 화	(휴대폰) 010 - 2002 - 0000		
대리인에 의한 고발	□ 법정대리인 (성명 : , 연락처) □ 고발대리인 (성명 : 변호사 , 연락처)		

2. 피고발인

성 명	○ ○ ○	주민등록번호	123456 - 0000000
주 소	춘천시 ○○로 ○○, ○○-○○○호(○○동 금천빌딩)		
직 업	무직	사무실 주 소	알 수 없습니다.
전 화	(휴대폰) 010 - 2434 - 0000		
기타사항	고발인과의 관계 : 친·인척관계 없습니다.		

3. 고발취지

고발인은 피고발인을 불법의료행위 죄로 고발하오니 법에 준엄함을 깨달을
수 있도록 철저히 수사하여 엄벌에 처해 주시기 바랍니다.

4. 범죄사실

(1) 피고발인은 춘천시 소양로 ○○○, ○○○번지 ○○빌딩 ○○○에서 "그림자마을" 이라는 상호로 미용실을 운영하는 자이고, 고발인은 주소지에 거주하며 피고발인이 운영하는 미용실에 자주 이용하고 있습니다.

(2) 피고발인은 고발인이나 다른 손님에게도 피고발인이 간호사로 종합병원에서 일한 경력을 가지고 이곳을 이용하는 다수자로부터 쌍꺼풀 수술 및 몇 몇 가지의 일부 성형 수술을 하여 주고 건당 50만원을 받는 등

(3) 수십 차례에 걸쳐 이러한 의료행위를 하고 현재에도 계속하여 동 행위를 하고 있으므로 이에 고발하오니 다시는 이러한 피해자가 발생하지 않도록 법의 준엄함을 깨달을 수 있도록 엄벌에 처하여 주시기 바랍니다.

5. 증거자료

　□ 고발인은 피고발인의 진술 외에 제출할 증거가 없습니다.
　■ 고발인은 피고발인의 진술 외에 제출할 증거가 있습니다.
　　☞ 제출할 증거의 세부내역은 별지를 작성하여 첨부합니다.

6. 관련사건의 수사 및 재판여부

① 중복 고발 여부	본 고발장과 같은 내용의 고발장을 다른 검찰청 또는 경찰서에 제출하거나 제출하였던 사실이 있습니다 □ / 없습니다 ■
② 관련 형사사건 수사 유무	본 고발장에 기재된 범죄사실과 관련된 사건 또는 공범에 대하여 검찰청이나 경찰서에서 수사 중에 있습니다 □ / 수사 중에 있지 않습니다 ■
③ 관련 민사소송 유무	본 고발장에 기재된 범죄사실과 관련된 사건에 대하여 법원에서 민사소송 중에 있습니다 □ / 민사소송 중에 있지 않습니다 ■

7. 기타

본 고발장에 기재한 내용은 고발인이 알고 있는 지식과 경험을 바탕으로 모두 사실대로 작성하였으며, 만일 허위사실을 고발하였을 때에는 형법 제156조 무고죄로 처벌받을 것임을 아울러 서약합니다.

○○○○ 년 ○○ 월 ○○ 일

위 고발인 : ○ ○ ○ (인)

춘천지방검찰청 검사장 귀중

별지 : 증거자료 세부 목록

　　(범죄사실 입증을 위해 제출하려는 증거에 대하여 아래 각 증거별로
　　해당란을 구체적으로 작성해 주시기 바랍니다)

1.인적증거

성 명	○ ○ ○	주민등록번호	123456 - 2233421		
주 소	자택 : 춘천시 ○○로 ○○, ○○○호 직장 : 춘천시 ○○동로 ○○, ○○호			직업	상업
전 화	(휴대폰) 010 - 3424 - 0000				
입증하려는 내 용	위 ○○○은 피고발인에게 쌍꺼풀 수술을 받은 사실이 있 어 이를 입증하고자 합니다.				

2.증거서류

순번	증 거	작성자	제출 유무
1	진술서	진술인	■ 접수시 제출　　□ 수사 중 제출
2			□ 접수시 제출　　□ 수사 중 제출
3			□ 접수시 제출　　□ 수사 중 제출
4			□ 접수시 제출　　□ 수사 중 제출
5			□ 접수시 제출　　□ 수사 중 제출

3.증거물

순번	증 거	소유자	제출 유무
1	진술서	고발인	■ 접수시 제출　　□ 수사 중 제출
2			□ 접수시 제출　　□ 수사 중 제출
3			□ 접수시 제출　　□ 수사 중 제출
4			□ 접수시 제출　　□ 수사 중 제출
5			□ 접수시 제출　　□ 수사 중 제출

4.기타증거

　　추후 필요에 따라 제출하겠습니다.

고 발 장

1. 고 발 인

성 명	○ ○ ○	주민등록번호	123456 - 0000000
주 소	거제시 ○○로 ○○, ○○○-○○○호(○○동)		
직 업	가정주부	사무실 주소	상동
전 화	(휴대폰) 010 - 2014 - 0000		
대리인에 의한 고발	☐ 법정대리인 (성명 : , 연락처) ☐ 고발대리인 (성명 : 변호사 , 연락처)		

2. 피고발인

성 명	알지 못합니다.	주민등록번호	알지 못합니다.
주 소	알지 못합니다.		
직 업	모릅니다	사무실 주소	알지 못합니다.
전 화	(차량번호) ○○로○○○○호 뉴에큐스		
기타사항	고발인과의 관계 : 친·인척관계 없습니다.		

3. 고발취지

　고발인은 피고발인을 주정차관리법위반 죄로 고발하오니 법에 준엄함을 깨달을 수 있도록 철저히 수사하여 엄벌에 처해 주시기 바랍니다.

4. 범죄사실

(1) 고발인은 가정주부로써 주소지에 거주하고 있는데 ○○○○. ○○. ○○. 20:40경부터 피고발인의 소유인 ○○로○○○○호 뉴에쿠스승용차량을 고발인의 주택 대문 바로 앞에 불법으로 주차해 놓아 대문을 나설 수가 없습니다.

(2) 피고발인은 위 차량을 야간에 몰래 주차하면서 연락처를 전혀 남겨 놓지 않고 ○○○○. ○○. ○○.부터 현재까지 불법주차를 해 놓고 연락이 되지 않고 있습니다.

(3) 고발인으로서는 피고발인의 주소도 알 수 없고 전화번호와 이름도 알 길이 없어서 이렇게 사진을 찍어 고발하오니 철저히 조사하여 다시는 이러한 피해자가 발생하지 않도록 법의 준엄함을 깨달을 수 있도록 엄벌에 처하여 주시기 바랍니다.

5. 증거자료

　□ 고발인은 피고발인의 진술 외에 제출할 증거가 없습니다.
　■ 고발인은 피고발인의 진술 외에 제출할 증거가 있습니다.
　　☞ 제출할 증거의 세부내역은 별지를 작성하여 첨부합니다.

6. 관련사건의 수사 및 재판여부

① 중복 고발 여부	본 고발장과 같은 내용의 고발장을 다른 검찰청 또는 경찰서에 제출하거나 제출하였던 사실이 있습니다 □ / 없습니다 ■
② 관련 형사사건 수사 유무	본 고발장에 기재된 범죄사실과 관련된 사건 또는 공범에 대하여 검찰청이나 경찰서에서 수사 중에 있습니다 □ / 수사 중에 있지 않습니다 ■
③ 관련 민사소송 유무	본 고발장에 기재된 범죄사실과 관련된 사건에 대하여 법원에서 민사소송 중에 있습니다 □ / 민사소송 중에 있지 않습니다 ■

7.기타

본 고발장에 기재한 내용은 고발인이 알고 있는 지식과 경험을 바탕으로 모두 사실대로 작성하였으며, 만일 허위사실을 고발하였을 때에는 형법 제156조 무고죄로 처벌받을 것임을 아울러 서약합니다.

○○○○ 년 ○○ 월 ○○ 일

위 고발인 :　○　○　○　　(인)

경상남도 거제시장 귀중

별지 : 증거자료 세부 목록

(범죄사실 입증을 위해 제출하려는 증거에 대하여 아래 각 증거 별로 해당난을 구체적으로 작성해 주시기 바랍니다)

1. 인적증거

성 명	○ ○ ○	주민등록번호	123456 - 2233421		
주 소	자택 : 거제시 ○○로 ○○, ○○○호 직장 : 거제시 ○○동로 ○○, ○○호			직업	상업
전 화	(휴대폰) 010 - 3231 - 0000				
입증하려는 내 용	위 ○○○은 피고발인의 소유차량이 고발인의 집 대문 앞에 주차해놓은 것을 목격하여 이를 입증하고자 합니다.				

2. 증거서류

순번	증 거	작성자	제출 유무	
1	피고발인의 차량사진	고발인	■ 접수시 제출	□ 수사 중 제출
2			□ 접수시 제출	□ 수사 중 제출
3			□ 접수시 제출	□ 수사 중 제출
4			□ 접수시 제출	□ 수사 중 제출
5			□ 접수시 제출	□ 수사 중 제출

3. 증거물

순번	증 거	소유자	제출 유무	
1	피고발인의 차량사진	고발인	■ 접수시 제출	□ 수사 중 제출
2			□ 접수시 제출	□ 수사 중 제출
3			□ 접수시 제출	□ 수사 중 제출
4			□ 접수시 제출	□ 수사 중 제출
5			□ 접수시 제출	□ 수사 중 제출

4. 기타증거

추후 필요에 따라 제출하겠습니다.

고 발 장

1. 고 발 인

성 명	○ ○ ○	주민등록번호	123456 - 0000000
주 소	○○시 ○○구 ○○로 ○○, ○○○호(○○동)		
직 업	개인사업	사무실 주 소	
전 화	(휴대폰) 010 - 2345 - 0000		
대리인에 의한 고발	☐ 법정대리인 (성명 : , 연락처) ☐ 고발대리인 (성명 : 변호사 , 연락처)		

2. 피고발인

성 명	○ ○ ○	주민등록번호	123456 - 0000000
주 소	○○시 ○○구 ○○로 ○○, ○○-○○○호(○○동)		
직 업	상업	사무실 주 소	○○시 ○○로 ○○, (○○낚시점)
전 화	(휴대폰) 010 - 9808 - 0000		
기타사항	고발인과의 관계 : 친·인척관계 없습니다.		

3. 고발취지

고발인은 피고발인을 상수원 보호 지역에서 낚시를 한 죄로 고발하오니 법에
준엄함을 깨달을 수 있도록 철저히 수사하여 엄벌에 처해 주시기 바랍니다.

4. 범죄사실

(1) 고발인은 주소지에 거주하면서 어머님이 계시는 ○○에 자주 들리는데 ○○○○. ○○. ○○. 21:25경 야간에 강가에 불빛이 있어 이상하게 생각하고 무슨 불빛인지 확인해 보았습니다.

(2) 5명이나 되는 낚시꾼들이 낚시를 하고 있었습니다.

(3) 이에 고발인이 이곳은 상수원 보호 지역이라 낚시가 금지되어 있다고 하였더니 ○○시 ○○로 ○○, ○○○번지에 있는 ○○낚시가게에서 불특정 낚시인을 대상으로

(4) 1인당 50,000원을 지급받고 차량으로 몰래 이곳에 데리고 와서 낚시를 하라고 하여 낚시를 하여도 되는 곳으로 알고 있었다는 것입니다.

5. 고발이유

(1) 이후에도 주말만 되면 이곳은 위 낚시가게에서 수많은 낚시인들을 차량에 태우고 와서 이곳에서 낚시를 하게하고 있으므로

(2) 더 이상 이를 방관할 수 없어 ○○낚시가게 주인인 ○○○을 고발하오니 다시는 상수원 보호 지역에서 낚시하는 일 없도록 법의 준엄함을 깨달을 수 있도록 엄벌에 처하여 주시기 바랍니다.

6. 증거자료

　□ 고발인은 피고발인의 진술 외에 제출할 증거가 없습니다.
　■ 고발인은 피고발인의 진술 외에 제출할 증거가 있습니다.
　　☞ 제출할 증거의 세부내역은 별지를 작성하여 첨부합니다.

7. 관련사건의 수사 및 재판여부

① 중복 고발 여부	본 고발장과 같은 내용의 고발장을 다른 검찰청 또는 경찰서에 제출하거나 제출하였던 사실이 있습니다 □ / 없습니다 ■
② 관련 형사사건 수사 유무	본 고발장에 기재된 범죄사실과 관련된 사건 또는 공범에 대하여 검찰청이나 경찰서에서 수사 중에 있습니다 □ / 수사 중에 있지 않습니다 ■
③ 관련 민사소송 유무	본 고발장에 기재된 범죄사실과 관련된 사건에 대하여 법원에서 민사소송 중에 있습니다 □ / 민사소송 중에 있지 않습니다 ■

8. 기타

본 고발장에 기재한 내용은 고발인이 알고 있는 지식과 경험을 바탕으로 모두 사실대로 작성하였으며, 만일 허위사실을 고발하였을 때에는 형법 제156조 무고죄로 처벌받을 것임을 아울러 서약합니다.

○○○○ 년 ○○ 월 ○○ 일

위 고발인 : ○ ○ ○ (인)

의정부지방검찰청 검사장 귀중

별지 : 증거자료 세부 목록

(범죄사실 입증을 위해 제출하려는 증거에 대하여 아래 각 증거별로 해당란을 구체적으로 작성해 주시기 바랍니다)

1. 인적증거

성 명	○ ○ ○		주민등록번호	123456 - 2233421	
주 소	자택 : ○○시 ○○로 ○○, ○○○호 직장 :			직업	농업
전 화	(휴대폰) 010 - 7890 - 0000				
입증하려는 내 용	위 ○○○은 고발인과 같이 피고발인이 돈을 받고 상수원 보호 지역에서 낚시를 하도록 영업을 한 사실을 목격하여 잘 알고 있으므로 이를 입증하고자 합니다.				

2. 증거서류

순번	증 거	작성자	제출 유무	
1	목격자 진술서	진술인	■ 접수시 제출	□ 수사 중 제출
2			□ 접수시 제출	□ 수사 중 제출
3			□ 접수시 제출	□ 수사 중 제출
4			□ 접수시 제출	□ 수사 중 제출
5			□ 접수시 제출	□ 수사 중 제출

3. 증거물

순번	증 거	소유자	제출 유무	
1	진술서	고발인	■ 접수시 제출	□ 수사 중 제출
2			□ 접수시 제출	□ 수사 중 제출
3			□ 접수시 제출	□ 수사 중 제출
4			□ 접수시 제출	□ 수사 중 제출
5			□ 접수시 제출	□ 수사 중 제출

4. 기타증거

추후 필요에 따라 제출하겠습니다.

【고발장(11)】 아동학대 어린 아들을 술먹고 상습적으로 구타하고 있어 엄벌에 처하여 달라는
고발장

고 발 장

1. 고 발 인

성 명	○ ○ ○	주민등록번호	123456 - 0000000
주 소	홍성군 ○○안길 ○○, ○○○호(○○동)		
직 업	상업	사무실 주 소	서산시 ○○로 ○○, ○○호
전 화	(휴대폰) 010 - 2332 - 0000		
대리인에 의한 고발	□ 법정대리인 (성명 : , 연락처) □ 고발대리인 (성명 : 변호사 , 연락처)		

2. 피고발인

성 명	○ ○ ○	주민등록번호	알지 못합니다.
주 소	홍성군 ○○로 ○○, ○○-○○○호		
직 업	상업	사무실 주 소	서산시 ○○로 ○○, ○○○호
전 화	(휴대폰) 010 - 2340 - 0000		
기타사항	고발인과의 관계 : 친·인척관계 없습니다.		

3. 고발취지

고발인은 피고발인을 아동학대의 죄로 고발하오니 법에 준엄함을 깨달을 수 있도록 철저히 수사하여 엄벌에 처해 주시기 바랍니다.

4. 범죄사실

(1) 피고발인은 주소지에 거주하면서 고발인과 같이 서산시 ○○로 ○○○번지 주변에서 점포를 운영하고 있는데 날마다 술을 먹고 또한 술을 먹으면 자신의 아들을 상습적으로 구타하는 것입니다.

(2) ○○○○. ○○. ○○.에도 피고발인의 아들이 큰소리로 울부짖음과 어른의 욕설이 나는 등 너무나 시끄러워 피고발인이 운영하는 점포로 가보니 아이가 머리에 피를 흘리고 있었습니다.

(3) 아이가 말을 안 듣는다면서 점포 안에 있는 철물제품을 집어던져 아이의 머리가 찢어졌고 고발인이 아이를 병원으로 데리고 가 그 곳에서 무려 ○○바늘이나 꿰맸습니다.

(4) 이렇듯 아이를 술을 먹고 상습적으로 구타하여 지금 아이는 그로 인해 정신석 육체적 피해가 극심한 상태입니다.

5. 고발이유

(1) 이에 이웃에서 지켜본 고발인이 다 같이 아이들을 키우는 사람으로서 도저히 피고발인을 이해할 수 없어서 고발하오니 법의 준엄함을 깨달을 수 있도록 엄벌에 처하여 주시기 바랍니다.

6. 증거자료

　　□ 고발인은 피고발인의 진술 외에 제출할 증거가 없습니다.
　　■ 고발인은 피고발인의 진술 외에 제출할 증거가 있습니다.
　　　☞ 제출할 증거의 세부내역은 별지를 작성하여 첨부합니다.

7. 관련사건의 수사 및 재판여부

① 중복 고발 여부	본 고발장과 같은 내용의 고발장을 다른 검찰청 또는 경찰서에 제출하거나 제출하였던 사실이 있습니다 □ / 없습니다 ■
② 관련 형사사건 수사 유무	본 고발장에 기재된 범죄사실과 관련된 사건 또는 공범에 대하여 검찰청이나 경찰서에서 수사 중에 있습니다 □ / 수사 중에 있지 않습니다 ■
③ 관련 민사소송 유무	본 고발장에 기재된 범죄사실과 관련된 사건에 대하여 법원에서 민사소송 중에 있습니다 □ / 민사소송 중에 있지 않습니다 ■

8. 기타

본 고발장에 기재한 내용은 고발인이 알고 있는 지식과 경험을 바탕으로 모두 사실대로 작성하였으며, 만일 허위사실을 고발하였을 때에는 형법 제156조 무고죄로 처벌받을 것임을 아울러 서약합니다.

○○○ 년 ○○ 월 ○○ 일

위 고발인 : ○ ○ ○ (인)

홍성경찰서장(홍성지청) 귀중

별지 : 증거자료 세부 목록
(범죄사실 입증을 위해 제출하려는 증거에 대하여 아래 각 증거별로
해당란을 구체적으로 작성해 주시기 바랍니다)

1. 인적증거

성 명	○ ○ ○	주민등록번호	123456 - 2233421		
주 소	자택 : 서산시 ○○로 ○○, ○○○호 직장 : 서산시 ○○로 ○○, ○○○호			직업	상업
전 화	(휴대폰) 010 - 1231 - 0000				
입증하려는 내 용	위 ○○○은 고발인과 같은 이웃에서 점포를 운영하고 있으면서 피고발인이 아들을 구타하여 치료를 받은 사실을 잘 알고 있어 이를 입증하고자 합니다.				

2. 증거서류

순번	증 거	작성자	제출 유무	
1	응급실 입원사실	병원	■ 접수시 제출	□ 수사 중 제출
2	수술부위 사진	고발인	■ 접수시 제출	□ 수사 중 제출
3			□ 접수시 제출	□ 수사 중 제출
4			□ 접수시 제출	□ 수사 중 제출
5			□ 접수시 제출	□ 수사 중 제출

3. 증거물

순번	증 거	소유자	제출 유무	
1	수술부위 사진	고발인	■ 접수시 제출	□ 수사 중 제출
2			□ 접수시 제출	□ 수사 중 제출
3			□ 접수시 제출	□ 수사 중 제출
4			□ 접수시 제출	□ 수사 중 제출
5			□ 접수시 제출	□ 수사 중 제출

4. 기타증거

추후 필요에 따라 제출하겠습니다.

고 발 장

1.고 발 인

성 명	○ ○ ○	주민등록번호	123456 - 0000000
주 소	부천시 소사구 ○○로 ○○, ○○○-○○○호(○○아파트)		
직 업	가정주부	사무실 주 소	상동
전 화	(휴대폰) 010 - 2014 - 0000		
대리인에 의한 고발	□ 법정대리인 (성명 :　　　　, 연락처　　　　　) □ 고발대리인 (성명 : 변호사 , 연락처　　　　　)		

2.피고발인

성 명	○ ○ ○	주민등록번호	123456 - 0000000
주 소	부천시 오정구 ○○로 ○○, ○○○호(○○동 ○○빌라)		
직 업	무직	사무실 주 소	알 수 없습니다.
전 화	(휴대폰) 010 - 4589 - 0000		
기타사항	고발인과의 관계 : 친·인척관계 없습니다.		

3.고발취지

　　고발인은 피고발인을 자동차관리법위반 죄로 고발하오니 법에 준엄함을 깨
달을 수 있도록 철저히 수사하여 엄벌에 처해 주시기 바랍니다.

4.범죄사실

(1) 고발인은 부천시 소사구 ○○로 ○○○, ○○○번지 ○○빌딩 ○○○에서 점포를 운영하고 있는데 피고발인의 소유인 ○○두○○○○호 차량을 30일이 넘도록 방치해 놓고 있습니다.

(2) 고발인이 관할 구청으로 하여금 위 차량의 등록원부를 발급받아 소유자인 피고발인에게 내용증명우편으로 폐차할 것을 통보하였으나

(3) 피고발인은 이에 아랑곳하지 않고 폐차직전에 있는 차량을 그대로 방치해 놓고 있습니다.

(4) 이에 피고발인을 위와 같이 고발하오니 다시는 이러한 피해자가 발생하지 않도록 법의 준엄함을 깨달을 수 있도록 엄벌에 처하여 주시기 바랍니다.

5.증거자료

☐ 고발인은 피고발인의 진술 외에 제출할 증거가 없습니다.
■ 고발인은 피고발인의 진술 외에 제출할 증거가 있습니다.
　☞ 제출할 증거의 세부내역은 별지를 작성하여 첨부합니다.

6.관련사건의 수사 및 재판여부

① 중복 고발 여부	본 고발장과 같은 내용의 고발장을 다른 검찰청 또는 경찰서에 제출하거나 제출하였던 사실이 있습니다 ☐ / 없습니다 ■
② 관련 형사사건 수사 유무	본 고발장에 기재된 범죄사실과 관련된 사건 또는 공범에 대하여 검찰청이나 경찰서에서 수사 중에 있습니다 ☐ / 수사 중에 있지 않습니다 ■
③ 관련 민사소송 유무	본 고발장에 기재된 범죄사실과 관련된 사건에 대하여 법원에서 민사소송 중에 있습니다 ☐ / 민사소송 중에 있지 않습니다 ■

7. 기타

본 고발장에 기재한 내용은 고발인이 알고 있는 지식과 경험을 바탕으로 모두 사실대로 작성하였으며, 만일 허위사실을 고발하였을 때에는 형법 제156조 무고죄로 처벌받을 것임을 아울러 서약합니다.

○○○○ 년 ○○ 월 ○○ 일

위 고발인 : ○ ○ ○   (인)

부천시 ○○구청장 귀중

별지 : 증거자료 세부 목록
     (범죄사실 입증을 위해 제출하려는 증거에 대하여 아래 각 증거별로 해당난을 구체적으로 작성해 주시기 바랍니다)

1. 인적증거

성 명	○ ○ ○	주민등록번호	123456 - 2233421		
주 소	자택 : 부천시 ○○로 ○○, ○○○호 직장 : 부천시 ○○동로 ○○, ○○호			직업	상업
전 화	(휴대폰) 010 - 3424 - 0000				
입증하려는 내 용	위 ○○○은 피고발인의 소유차량이 고발인의 점포 앞에 그대로 방치해 놓은 것을 목격하여 이를 입증하고자 합니다.				

2. 증거서류

순번	증 거	작성자	제출 유무	
1	방치한 차량의 사진	고발인	■ 접수시 제출	□ 수사 중 제출
2	자동차등록원부	○○구청	■ 접수시 제출	□ 수사 중 제출
3			□ 접수시 제출	□ 수사 중 제출
4			□ 접수시 제출	□ 수사 중 제출
5			□ 접수시 제출	□ 수사 중 제출

3. 증거물

순번	증 거	소유자	제출 유무	
1	방치한 차량의 사진	고발인	■ 접수시 제출	□ 수사 중 제출
2			□ 접수시 제출	□ 수사 중 제출
3			□ 접수시 제출	□ 수사 중 제출
4			□ 접수시 제출	□ 수사 중 제출
5			□ 접수시 제출	□ 수사 중 제출

4. 기타증거

  추후 필요에 따라 제출하겠습니다.

제2장
고소장

제2장/ 고소장

고소장은 범죄의 피해자 또는 그와 일정한 관계가 있는 고소권자가 일선 수사기관에 대하여 범죄 사실을 신고하여 범인의 처벌을 구하는 의사표시의 문서를 가리켜 '고소장'이라고 합니다.

또한 고소장은 수사기관에서 범인을 조사하여 법원에 기소하여 줄 것을 청원하는 문서이면서 수사의 단서 중 하나입니다.

고소장은 수사의 단서가 되기 때문에 범죄 사실을 잘 써야 합니다.

평생에 한번 있을까 말까한 고소인들에게는 고소장 작성과 관련하여 그다지 관심도 없이 살아가는 게 정상이라고 공감합니다.

그러나 갑자기 법률적으로 억울한 일을 당했을 때 고소장의 작성요령과 그에 대한 형식만 알게 되면 그때마다 적절하게 피해사실을 얼마든지 재구성할 수 있고 가치 있는 고소장을 작성할 수 있습니다.

고소를 하는 방식은 제한이 없습니다.

고소장은 일정한 양식이 없습니다.

고소장에는 피해를 입은 내용과 피고소인의 처벌을 원한다는 뜻만 들어 있으면 반드시 무슨 죄에 해당하는지 밝힐 필요는 없습니다.

다만, 피해사실 등의 내용이 무엇인지 알 수 있도록 가능한 한 명확하고 특정되어야 합니다.

제1절

고소 의의 -

고소는 범죄의 피해자 또는 그와 일정한 관계가 있는 고소권자가 수사기관에 대하여 범죄 사실을 신고하여 범인의 처벌을 구하는 의사표시의 문서를 말합니다.

그래서 고소는 수사의 단서 중 하나입니다.

가, 고소 유효의 요건

고소는 고소인이 고소권을 가져야만 고소의 효력이 있는데 범죄의 피해자는 고소권을 가지며, 법정대리인 등 일정한 관계에 있는 사람에게도 고소권이 있습니다.

나, 고소의 능력

고소에 대한 의미를 사실상 이해할 수 있는 의사능력이 있으면 고소의 능력이 있습니다.

민법에서 행위능력 없는 13세 또는 14세 가량의 소년이나 소녀도 고소의 능력이 있습니다.

다, 고소의 기간

고소는 세월이 흐르면 그 범죄자를 처벌할 수 없게 됩니다.

이를 공소시효 제도라고 하며, 공소시효가 만료되면 검사는 그 범죄자를 기소할 수 없으므로 공소권 없음의 처분을 합니다.

그러므로 고소는 공소시효가 만료되기 1년 전, 최소한 3개월 전까지는 고소장을 수사기관에 제출하여야 합니다.

공소시효 만료일을 1개월이나 수일 앞두고 고소장을 제출해도 상관이 없는 것으로 오해하는 사람들이 있는데 이는 잘못된 생각입니다.

시일이 오래되면 증거가 소멸되고 증거가 없으면 처벌할 수 없기 때문입니다.

라, 고소의 취소

고소인은 제1심 변론 종결시까지 고소를 취소할 수 있습니다. 그러나 제1심 변론 종결 후 또는 항소심 재판 중에도 고소를 취소할 수는 있지만 그 효력이 없습니다.

피고소인이 조만간에 피해 전부를 변제하겠으니 고소를 취소해 달라고 해서 고소인이 고소를 취소해 주었는데 고소사건이 혐의없음 결정되자 피고소인이 피해 변제를 전혀 하지 않고 있는 경우 다시 고소할 수 있지만 고소장을 읽은 검사가 범죄 혐의 인정될 가능성이 농후하다고 생각될 수 있는 고소장을 쓸 수 있느냐에 달려 있습니다.

마, 재 고소

고소장은 수사의 단서에 불과합니다.

그러므로 고소를 취소한 사건에 대하여도 다시 고소를 할 수 있음이 원칙입니다.

검사는 과거 고소사건에 대하여 결정을 한 바 있다는 이유로 수사를 하지 않고 각하 결정을 하기 때문에 재고소를 할 수 없는 것으로 알고 있고, 또한 일사부재리원칙에 의하여 다시 고소할 수 없다고 생각하는 사람이 대부분입니다.

일사부재리원칙은 재판을 받은 것에 관한 것이고, 수사는 재판이 아니므로 수사에는 일사부재리원칙이 적용되지 않으므로 재고소를 할 수 있습니다.

검사가 재고소하는 고소장을 읽고 범죄 혐의 인정될 가능성이 농후한 사건이라는 판단을 하면 과거의 결정을 무시하고 다시 수사를 하고 그렇지 않을 경우 수사를 하지 않는 각하 결정을 합니다.

그래서 고소장은 잘 써야하는 것입니다.

바, 인지사건

고소사건에 대하여 지방검찰청 또는 지청의 검사가 불기소처분을 한 경우에 고소인은 불기소처분을 한 검찰청을 거쳐 고등검찰청 검사장에게 항고할 수 있습니다.

그러나 112범죄 신고로 출동을 요청하는 등 진정서에 의하여 피해를 신고하여 입건된 인지사건에 대해서는 검사의 불기소처분에 대하여 피해자에게 항고권이 없으므로 헌법재판소에 헌법소원을 청구할 수 있는데 헌법소원에는 변호사를 반드시 선임해야 하는 부담이 있습니다.

112범죄 신고나 진정서에 의한 피해신고를 하여 경찰서에서 인지사건으로 수사 중에 있는 사건일지라도 고소장으로 변경하여 진술하거나 고소장으로 변경할 것을 요구하면 고소사건으로 변경되어 후일 검사가 불기소처분을 하였다면 항고를 할 수 있으므로 고소장으로 제출하거나 변경을 요구할 필요가 있습니다.

제2절

고소장 작성 요령 -

　　민사소송에서는 공개변론주의에 의하여 원고가 소장에서 공격을 하면 피고가 답변서로 방어하기 때문에 피고의 항변을 바로 원고가 알 수 있고 그에 따른 사실관계를 여러 번 낼 수 있으므로 자세한 사실관계를 밝힐 기회가 있습니다.

　　그러나 수사나 조사는 엄격한 밀행주의가 지배하고 있기 때문에 피고소인이 어떤 부분 무엇에 대하여 변소를 하고, 무슨 문서를 자신의 주장을 증명하기 위하여 입증자료로 제출하였는가를 전혀 알 수 없습니다.

　　모든 수사와 조사는 수사관의 직권에 의하여 수사가 종결되기 때문에 고소인으로서는 고소장에서 자세한 사실관계를 기재하지 않으면 다시 적어 낼 기회조차 없습니다.

　　따라서 민사소송의 소장을 작성하는 요령과 고소장을 작성하는 요령은 사실관계가 같거나 유사할 수 없으므로 민사와 형사는 크게 달라야 합니다.

　　그런데 대부분의 고소인들은 자신에게 일어난 억울한 일을 구사할 수 없다고 해서 형사사건에서 다른 사람들이 정리했거나 실무 서적들에 게재되어 있는 고소장 예문을 보고 고소장을 작성해 왔습니다.

　　고소장에 대한 사실관계를 수사자체가 엄격한 밀행주의 라는 사실을 전혀 고려하지 않은 채 다른 사람들이 작성한 유사한 사실관계를 끌어다 기재하였기 때문에 사실관계가 부합되지 않고 연결이 되지 않는 등 무슨 내용인지 무엇의 피해가 어떻게 입었다는 것인지 알 수가 없는 고소장이 대부분입니다.

가, 고소장의 구성내용

　　고소인이 피고소인을 고소하여 처벌받게 하려면 중요한 3가지가 충족되어야 합니다.

　　하나는 고소인이 정말 잘 작성한 고소장을 수사기관에 제출하여야 하고, 고소장에서 원용한 사실관계를 잘 진술하여야 합니다.

　　둘째는 담당 수사관이 범죄혐의 인정되는 방향으로 고소인이 열성적으로 조사를 해야 합니다.

　　셋째는 사법경찰관이 조사한 것을 검사가 정의롭게 결정하는 것 3가지가 충족되어야 가능합니다.

　　고소사건에서는 대부분 피고소인은 자신의 범행을 무조건 부인하는데 이에 대하여 고소인이 적극적으로 조사하고 뒤집을 수 있는 증거자료를 제출하는 등 수사관으로 하여금 피고소인에게 자백을 받아 낼 수 있도록 열성을 띠어야 합니다.

　　이렇게 하지 않으면 수사관은 진행과정을 상세히 물어 누가 경험칙에 어긋나는 진술을 하는가를 밝히는 것이 수사의 기본 원칙입니다.

　　대부분의 수사관은 고소장이 제출되면 수사 초기에 유죄의 방향으로 수사할 것인가 아니면 무혐의 방향으로 수사할 것인가를 마음에 두고 수사를 하게 됩니다.

　　수사 도중에 수사의 방향을 바꾸는 경우는 매우 드문 일이므로 처음부터 수사관이 어떤 방향으로 수사가 되는가는 중요한 데 잘 작성된 고소장이야 말로 수사관으로 하여금 피고소인의 범행을 유죄의 심증을 갖게 하는 역할을 하기 때문에 고소장 작성은 사실관계가 중요합니다.

고소장은 건축으로 말하면 설계도와 같습니다.

사실관계를 잘 작성한 고소장이 철근콘크리트 집을 짓도록 작성하였다면 수사관은 초가집으로 기와집으로 바꾸어 질 수 없고 고소장에 기재된 사실관계에 따라 철근콘크리트 집을 지으려고 대대적인 수사를 하게 되는 것입니다.

고소장을 허술하고 사실관계를 간략하게 작성하면 수사관이 잘못 해석하고 다른 방향으로 수사를 전개할 수 있으므로 고소장은 건축설계도와 같이 세심하게 작성되는 것과 같이 상세히 잘 작성되어져야 합니다.

아무리 시간에 쫓기는 검사일지라도 경찰에서 수사한 고소사건을 결정할 때는 먼저 사법경찰관이 작성한 의견서를 읽어보고 그 다음에 반드시 고소장을 읽고 두 가지를 비교 검토한 후 결정합니다.

고소장을 읽어보면 범죄 혐의 인정될 가능성이 농후함에도 사법경찰관이 무혐의 의견으로 송치한 사건에 대하여는 건사는 기록 전체를 다시 읽어 검찰에서 다시 수사를 할 것인가 여부를 결정하기 때문에 고소인이 잘 작성해 낸 고소장은 사법경찰관이 작성한 의견서만큼이나 힘을 발휘하는 가치가 있습니다.

나, 고소장 작성하는 자세

고소장은 피고소인을 형사처벌을 받게 함에 그 목적이 있습니다.

피고소인이 고소에 의하여 형사처벌을 받으면 전과자가 됩니다. 피고소인을 전과자로 만든다는 것이 그리 쉬운 일은 아닙니다.

결코 쉬운 일이 아니라는 사실을 잊어서는 안 됩니다.

모든 형사사건은 사람이 사람을 처벌하는 것이므로 쉬운 것은 없습니다.

아무리 사건이 간단하고 복잡하지 않다고 해도 실제로는 간단한 형사사건은 없습니다.

자신의 사건은 간단하기 때문에 고소장을 간략하게 사실관계를 작성해도 좋다고 생각하면 큰 오산이고 피고소인을 전과자로 쉽게 만들 수 있다고 생각하는 것과 같이 무모한 생각은 없는 것입니다.

많은 사람들은 고소장의 사실관계가 복접하고 길게 작성하면 수사관이 읽어보지 않으니 간결하게 작성하고 자세한 것은 나중에 고소보충 진술할 때 하면 된다는 생각을 가지고 있는데 이는 바람직한 것이 아닙니다.

글의 분량이 많으면 읽지 않는다는 말은 문맥이 연결되어 있지 않아 읽어도 무슨 말을 썼는지 조차 알 수 없어 읽고 싶어도 읽을 수 없다는 말입니다.

아무리 많은 분량이라도 문맥이 연결되어 이해될 수 있도록 작성하면 장문의 글이라도 충분히 읽을 수 있으므로 고소장에는 사실관계를 꼼꼼하게 기재하여야 합니다.

제3절

고소장 구체적인 작성방법 -

　고소장의 1페이지에는 고소사건의 접수를 위하여 상당한 공간이 필요하기 상단 중간으로 큰 글자로 고소장이라고 표시하고, 그 아래 중앙부분 왼쪽에서 고소인과 피고소인이 누구라는 것을 기재하고 하단 중앙 부분으로 어느 수사기관에 제출하는 것인지를 기재하면 됩니다.

　그리고 여백의 적당한 곳으로 피고소인의 사촌이 경찰서장이거나 경찰간부로 근무하고 있어 경찰서로 수사지휘하면 편파수사가 될 소지가 있으므로 귀 검찰청에서 수사해 주기 바란다고 기재하고 고소인 누구라고 기재하면 됩니다.

가, 고소인과 피고소인의 인적사항기재

　고소장 2페이지에는 고소인과 피고소인의 인적사항을 기재하여야 하는 데 고소인이 여러 명일 경우 고소인1, 고소인2, 고소인3으로 피고소인이 역시 여러 명일 경우 피고소인1, 피고소인2, 피고소인3으로 각 기재하면 됩니다.

　따라서 고소인이 많은 경우 별첨 고소인 명단 기재와 같이 고소인 1 누구 외 몇 명이라고 기재하고 고소인 명단을 첨부합니다.

　고소인이나 피고소인에 대한 즉시 연락이 가능한 휴대전화를 기재하는 것이 좋습니다.

　법인이 피해를 입은 사건에 대하여는 법인이 고소인이 될 수 있습니다. 법인이 고소하는 경우 주식회사의 명칭을 기재하고 주소를 기재하고 대표이사 누구누구라고 기재하여 법인이 고소함을 명백히 표시하여야 합니다.

피고소인의 인적사항을 전혀 몰라도 고소할 수 있으므로 이러한 경우 일체 미상으로 기재하거나 40대 후반 또는 30대 가량의 키 175센티미터 가량으로 기재하거나 오른 쪽 팔에 무슨 문신을 한 남자 등으로 기재할 수 있습니다.

범죄는 사람이 자행하는 것이고 사람으로 의제되는 법인은 범죄죄를 자행할 수 없습니다.

그러므로 주식회사 등 법인은 피고소인이 될 수 없습니다.

나, 고소의 취지

고소장에는 고소취지를 기재하여야 하는데 이 고소사건을 수사하면 이러한 범죄 혐의를 인정할 수 있다고 주장하는 범죄 사실을 기재하는 것이 원칙입니다.

범죄사실은 어떤 사건은 한 가지 범죄 사실만 인정될 가능성이 있는 것이 아니라 이 범죄가 인정 안 되면 지 범죄는 인정된다고 말할 수 있는 것이 있으며, 고소인이 피고소인의 행위에 대하여 일부만 알고 있어 공소장에 기재되는 범죄 사실과 같은 내용의 고소의 취지를 기재하기가 불가능한 경우도 있습니다.

고소인의 생각으로 1억 원을 사기 피해를 입었다면 고소취지에 피고소인이 사기 또는 횡령 내지 배임죄를 자행하여 고소인에게 금 1억 원의 피해를 입게 하였으므로 수사하여 엄벌에 처하여 달라고 간략하게 기재하고 고소장 끝 부분에 피고소인이 이렇게 변소하면 사기죄가 성립하고 저렇게 변소하면 횡령죄가 성립하고, 또 달리 변소하면 배임죄가 각 인정된다고 설명을 기재하는 것도 하나의 좋은 방법입니다.

다, 인과관계

고소인과 피고소인의 친척관계는 수사에 있어 매우 중요하므로 반드시 고소장에 기재하여야 합니다.

　　고소인과 피고소인간에 친인척 관계가 있으면 친족상도례 적용될 수 있는 사건의 경우에는 빠뜨리지 말고 기재하여야 합니다.

　　고소장에는 피고소인과 아무런 관계가 아니라면 친인척 관계없습니다, 라고 기재하면 됩니다.

라, 고소사실

　　고소장에는 고소인과 피고소인 간에 발생되었던 사실관계를 자세히 잘 기재하고, 이렇게 기재된 사실관계의 사실들이 어떤 이유에서 무엇이 사실임을 인정할 수 있는가를 설명하여야 합니다.

　　피고소인이 고소인의 집에 몰래 들어가 장롱에서 로렉스시계 한 개를 들고 나왔다는 말은 사실적인 말이고, 피고소인이 절도 행각을 했다는 말은 평가적인 말입니다.

　　그러므로 고소장에는 90%이상이 사실적인 말과 10%가 평가적인 말들로 기재되어야 한다고 말할 수 있을 정도로 주로 육하원칙에 맞는 사실관계들로 기재되어야 합니다.

　　고소장에 고소사실은 고소인과 피고소인 간의 과거지사를 기술하듯이 기재하는 것입니다. 발생한 일자는 빠른 것부터 순차적으로 기재하고 수사관이 제대로 범행을 파악할 수 있도록 순서대로 나열해 주고 이해를 돕기 위해 부연설명을 함으로써 피고소인을 추궁하여 자백을 받아낼 수 있도록 기재하는 것이 좋습니다.

　　계약과 관련한 고소사건과 관련하여 피해를 입은 사건에서는 계약의 요지를 고소장에 기재하여야만 그 다음의 고소사실과 문맥이 연결될 수 있습니다.

또한 고소내용에 후일 피고소인이 부인할 경우 그 일시 장소에 임하여 입회한 참고인 조사가 필요할 수 있다는 내용을 기재함으로써 수사관에게 참고인 조사를 요청할 때도 떳떳할 수 있습니다.

마, 구속 수사의 필요성

피고소인을 구속 수사하여 줄 것을 바라는 내용은 고소사실을 기재한 다음 그 아래로 아래와 같이 해당하는 점들이 있음을 기재하면 됩니다.

가) 피고소인이 일날정한 주거가 없다는 점,
나) 임시숙소 모텔이나 여관 등에서 임시적으로 살고 있는 사실
다) 주민등록지에 살고 있지 않거나, 주민등록이 말소된 경우
라) 거주지에 다른 가족들이 함께 살고 있지 않은 경우
마) 거주지를 자주 옮기는 경우

피고소인이 증거를 인멸할 우려가 있다는 점

가) 증거서류와 증거들을 파기, 변경, 은닉, 위조 또는 변조한 경우
나) 공범에 의하여 고소인이 회유, 협박 당할 우려가 있는 경우
다) 공범들이 공모하여 거짓 사실을 꾸밀 우려가 있는 경우
라) 피고소인이 직접 또는 제3자를 시켜 고소인이나 고소인의 가족을 협박한 사실이 있는 경우

피고소인이 도망할 우려가 있다는 점

가) 외국으로 나가 장기간 체류할 수 있는 여건이 있는 경우
나) 범죄를 계속하거나 다시 같은 죄를 범할 우려가 있는 경우
다) 집행유예 기간 중이거나 집행유예 결격 등 전과가 있는 경우
라) 피고소인이 도망을 한 적이 있거나 도망을 준비한 경우

제4절

고소장 작성 시 유의사항 -

가, 위증죄 고소

위증죄 고소는 이것도 위증이요, 저것도 위증이라고 고소하면 간략하게 수사할 수밖에 없습니다.

민사소송에서 가장 큰 영향을 준 것이나, 입증이 확실하게 되는 것만 골라서 위증죄로 고소하고 나머지는 참고로 삼아 달라는 취지로 고소하여야 합니다.

위증죄는 증인이 반드시 선서하여야 하고 기억에 반하는 증언이어야만 위증죄의 범죄 혐의를 인정할 수 있으므로 위증한 피고소인이 어떤 경위로 잘 알고 있었다는 설명을 하여야 하는 데 고소인이 그 경위를 모르는 경우가 많으므로 고소인이 위증죄로 고소하려면 경위를 잘 알고 고소해야 합니다.

나, 무고죄 고소

검사가 불기소처분을 하면서 고소인에 대한 무고 혐의 인정되지 않는다고 하였다라도 검사가 직권으로 사건을 재기하여 무고죄로 처벌하는 경우도 상당히 많으므로 검사의 무고 혐의 판단과는 상관없이 무고죄로 고소할 수 있습니다.

다, 사문서위조 등 고소

사문서위조나 변조 고소사건은 범죄 혐의가 인정되거나 아니면 무고가 인정되는 것으로 결정되는 것이 대부분입니다.

사문서위조 및 변조 고소사건에서 무고죄로 처벌받는 사례가 가장 많습니다.

사문서위조나 변조로 고소했는데 사문서위조나 변조가 인정되지 않으면 무고죄로 처벌받는다는 것입니다.

라, 명예훼손죄 고소

명예훼손죄 고소장은 성립요건을 잘 따져보고 작성해야 하는 등 성립요건을 따져보지도 않고 고소장을 작성하는 것은 위험합니다.

일반인들이 공연성이나 사실적시 또는 허위사실적시와 관련하여 비방의 목적을 살피고 고소장을 작성하기에는 어렵기 때문에 오해하는 경향이 많습니다.

마, 권리행사방해죄 고소

민법에서의 권리행사방해는 상당히 넓은 의미를 지니고 있으나 형법에서의 권리행사방해죄는 좁은 의미에서 발생하는 사건으로서 범죄에 대한 성립요건을 살피지 못해 고소하였다가 범죄 혐의 인정되지 않음에도 고소하여 큰 낭패를 보는 수가 많습니다.

바, 강제집행면탈죄 고소

강제집행면탈죄 고소는 비밀리에 권리를 취득한 사람들 간에 공모하여 범행을 한 것이어서 성립요건을 잘 따져보지 않고 표면상으로 밝혀진 등기부등본만 가지고 섣부른 판단으로 고소하는 경우 자칫 잘못하면 무고죄로 처벌받을 수 있으므로 허위양도나 허위의 채무부담 은닉 등의 행위가 있었음이 밝혀진 경우 고소하는 것이 바람직합니다.

사, 절도죄 고소

절도죄는 대부분 범행을 목격한 사람이 없음에 그 특정이 있어 범인의 자백 또는 범인으로부터 장물을 입수한 사람의 진술 등 입증자료가 뚜렷이 있어야만 범죄 혐의를 인정할 수 있습니다.

그러므로 함부로 범인으로 단정하면서 절도죄로 고소하면 무고죄로 처벌 받을 수 있음을 각별히 유의해야 합니다.

절도죄 고소는 뚜렷한 증거가 확보되지 않았으면 진정서를 작성하여 피고소인의 소행으로 의심되니 조사하여 범죄 혐의 발견되면 입건 처벌해 달라고 청원하는 것이 바람직합니다.

아, 사기죄 고소

사기는 범인이 고소인에게 거짓말을 하고 그 거짓말에 속은 고소인으로부터 재산적 처분행위를 하게 하는 범행입니다.

그러므로 사기죄 고소는 고소장에 범인의 말이 곧 범행이므로 피고소인의 말을 고소장에 모두 기재하여야 합니다.

사기죄는 원천적으로 불가능함에도 가능하다고 거짓말을 한 것이며, 가능하였는데 후에 사정변경으로 불가능으로 변경되었다면 거짓말을 한 것이 아니기 때문에 사기죄가 성립되지 않습니다.

그러므로 대부분의 사람들은 이러한 이치를 잘 모르기 때문에 원천적으로 불가능이었음을 주장하는 말은 전혀 하지 않은 채 피고소인이 오로지 피해를 입게 하였으니 사기죄로 처벌해 달라고만 주장합니다.

많은 피해자는 사기죄에 대한 이치를 잘 몰라 피해를 입기 전의 속임은 고소장에 기재하지 않은 채 피해를 입은 후에 있게 된 피고소인의 거짓말만 고소장에 수두룩하게 기재하고 있습니다.

금전 거래의 사기는 피해를 변제받은 내역은 자세히 기재하지 않아도 되는 데 그 이유는 범죄 혐의 유무에는 영향을 미치지 않습니다.

자, 횡령죄 고소

반환거절을 횡령죄로 고소하는 경우에는 피고소인이 언제, 어디에서 어떤 말과 행동을 하여 거절하는 의사표시를 하였음과 그 거절에 정당성이 없음을 고소장에 기재하여야 합니다.

동업관계가 인정되려면 최소한 공동투자, 사업에서의 역할 분담, 이익과 손해의 배분이 모두 문서나 구두로 합의가 되어야 합니다.

그러나 공동추자와 이익과 손해의 부분만 합의한 경우 이러한 경우에는 상법상의 익명조합에 해당될 소지가 있으므로 익명조합으로 인정되면 횡령이나 배임죄가 성립되지 않습니다.

차, 배임죄 고소

배임죄는 타인의 사무를 처리하는 자가 임무에 위배하는 행위로 재산상의 이익을 취득하거나 제3자로 하여금 취득하게 하면서 본인에게 손해를 가한 때에 처벌되는 범죄입니다.

배임죄의 성립요건이 까다롭고 법리를 이해하기 매우 어렵기 때문에 배임죄가 인정됨에도 횡령이나 사기죄가 인정되는 것으로 오해하여 고소장을 잘못 작성하여 수사관이 수사의 방향을 잘못 잡으면 범죄 혐의가 인정될 수 있는 사건임에도 무혐의 처분되기 때문에 배임죄로 고소할 때는 사실관계를 자세히 파악하고 법률 검토를 거친 후 고소하여야 합니다.

제5절

고소장 접수방법 −

고소장은 결찰서나 검찰청에 직접 출두하여 민원실에 제출하거나 출두가 어려운 경우 우편으로도 제출할 수 있습니다.

고소는 수사기관에 제출하는 것이 고소인에게 유리합니다.

고소장을 수사기관의 상급기관으로도 제출할 수는 있겠지만 해당 수사기관이 아닌 고위공직자에게 고소장을 제출하는 것은 다시 해당 수사기관으로 고소장이 전달되기는 하나 전달되기까지는 상당한 기간이 소요될 수 있으므로 그만큼 수사가 지연되면 고소인에게 손해가 될 수 있습니다.

특히 고소장은 수사기관 경찰서나 검찰청의 어느 곳이든 제출할 수 있겠으나 최소한

1. 피고소인의 거주지(현재의 거주지)

2. 범죄지(범죄발생지)

3. 고소인의 주소지를 관할하는 수사기관의 순위에 따라 접수하는 것이 훨씬 유리합니다.

왜냐하면 수사기관에서 피고소인에게 출석요구를 3회 이상 불응하면 대개 피고소인의 주거지를 관할하는 수사기관으로 고소사건을 인계하여 그만큼 수사가 지연될 수 있기 때문입니다.

제6절

사기죄 고소장 작성요령 -

1. 사기는 범인이 피해자에게 어떤 거짓말을 하고, 그 거짓말에 속은 피해자로 하여금 재산적 처분행위를 하게 하는 범행입니다.

그러므로 사기죄 고소장에서는 범인이 피해자에게 한 말이 범행이므로 범인이 한 거짓말들을 모두 고소장에 기재하여야 합니다.

2. 사기죄 고소장에는 기망이 무엇인가를 누가 봐도 알 수 있을 정도로 고소장에 기재되어져야 하며, 고소장에 기망행위를 기재하지 않은 채 범인의 거짓말만을 기재하면 아니 됩니다.

그리고 기망은 피해자의 재산적 처분행위가 있기 전에 행하여진 것이고, 피해를 당한 후의 기망은 아무런 소용이 없습니다.

3. 사기죄는 불가능함에도 불구하고 가능한 것처럼 거짓말을 한 것이며, 가능하였는데 후일 어떠한 사정이 생겨서 불가능으로 변경이 되었다면 이는 거짓말을 한 것이 아니므로 사기죄는 성립하지 않습닉가.

그러므로 이행의무를 하지 않는 과정에서 범인이 한 말들은 사기죄가 성립하지 않을 수 있습니다.

대부분 돈을 빌려주고 갚지 않는다고 해서 무조건 요리조리 핑계대고 변제일자를 어긴다고 해서 사기죄가 성립하는 것은 아닌데 고소부터하고 보자는 식으로 사기죄로 고소하는 것은 문제가 있습니다.

원천적으로 불가능한 사실은 밝히지 않은 채 범인이 피해자에게 피해를 입혔으니 사기죄가 성립한다고 주장하는 고소장은 사기죄의 핵

심에 관한 말을 전혀 하지 않는 고소장이 상당히 많은 편입니다.

4. 사기죄는 기망행위에 의하여 피해자가 재산적 처분행위가 있게 되면 바로 범행은 완료되는 것입니다. 사기죄를 잘못 이해한 분들은 사기가 있기 이전에 범인이 한 거짓말이 중요한 피의사실이 되는데 대부분 피해를 당한 후 피해를 입은 후에 범인이 한 거짓말을 거론하는데 이는 범죄 혐의 유무 판단에 영향이 미치지 않습니다.

대부분의 피해자분들은 이러한 사기죄의 이치를 잘 몰라 피해를 입기 전의 속임은 고소장에 하나도 기재하지 않고 피해를 입은 후에 일어난 범인의 거짓말들만 고소장에 많은 내용을 기재하고 있는데 이는 처벌하기 어렵습니다.

5. 금전거래로 일어난 사기 사건은 그간의 피해를 일부 변제받은 내역은 기망행위와는 아무런 상관이 없음에도 자세하게 기재하면서 진정 금전을 거래하면서 한 기망행위는 기재하지 않는 경우가 상당히 많습니다.

다시 말해서 피해 변제는 범죄 혐의 유무 판단에 영향을 미치지 않는다고 해도 과언은 아닙니다.

그러므로 간략하게 언제부터 언제까지 총 3회에 걸쳐 얼마를 변제받았다고만 기재하여도 무방합니다.

6. 따라서 위조나 변조 된 사문서나 자격을 모용하여 작성된 사문서가 어떤 거래에 기초가 되거나 영향을 미친 것이라면 그 자체만으로도 사기죄가 성립할 수 있습니다.

7. 법원을 기망하여 승소판결을 편취한 소송사기는 이는 청구할 채권이 전혀 없음에도 청구한 경우, 위조나 변조 된 사문서 등 자격을 모용하여 작성한 사문서 등을 입증자료로 제출한 경우 증인에게

위증하도록 교사한 경우는 소송사기죄가 인정됩니다.

그리고 보전소송으로 가압류나 가처분은 순위 보전적 효력만 있으므로 사기죄의 실행의 착수로 볼 수 없고, 본안의 소가 확정되면 편취한 판결의 사용 여부에 상관하지 않고 사기죄의 기수가 됩니다.

횡령죄 고소장 작성요령 -

1. 보관자만이 횡령죄의 주체가 될 수 있습니다.

횡령죄 고소장을 작성하려면 보관자로 보일 수도 있으나 보관자가 아닌 자가 상당히 많은데도 보관자로 잘못 알고 횡령죄로 고소하는 경우가 많습니다.

2. 반환거절에 의한 횡령죄로 고소하는 경우 범인이 언제, 어디에서, 어떤 밀과 행동을 하여 거절하는 의사표시를 하였다는 것인지 그 거절에 정당ㄴ성이 없음을 고소장에 구체적으로 기재하여야 합니다.

3. 어떤 사업이나 영업에 대한 동업관계가 성립하려면 최소한 공동투자, 사업에서의 무슨 역할을 분담했는지, 이익과 손해의 배분은 어떻게 이루어졌는지 구두나 동업계약서 등과 같은 문서로 합의가 되어있어야 합니다.

동업관계에서 상대방을 횡령으로 고소하는 경우 공동투자와 이익과 손해에 대한 배분에 대해서만 합의한 경우가 대부분인데 이러한 경우 자칫하면 상법상 익명조합에 해당될 소지도 있으며, 익명조합으로 인정되면 횡령좌도 배임죄도 성립하지 않습니다.

배임죄 고소장 작성요령 -

 1. 배임죄는 흔히 말하는 타인의 사무를 처리하는 자가 그 임무에 위배하는 행위로 재산상의 이익을 취득하거나 제3자로 하여금 취득하게 하면서 본인에게 손해를 가한 때에 배임죄가 성립합니다.

 배임죄는 성립요건이 다른 범죄에 비하여 까다롭고 법리 또한 이해하기 어렵습니다.

 배임죄의 범죄 혐의가 인정되는가 여부를 판단하는 것은 어려운 점이 많으므로 쉽게 범죄 혐의 유무에 대한 속단을 해서는 안 됩니다.

 2. 따라서 배임죄가 인정됨에도 횡령죄나 사기죄가 인정되는 것으로 오해하고 고소장을 작성해 제출하면 수사기관에서 고소장의 내용에 의하여 수사방향을 잘못 잡을 경우 범죄 혐의 인정될 수 있는 사건임에도 무혐의 처분될 소지가 다분히 있으므로 배임죄 고소장은 고소인이 사실관계를 면밀하게 파악한 후 법률적 검토를 잘 거쳐야 합니다.

제7절 고소장 죄명별 실전 사례

【고소장(1)】 개인정보보호법위반죄 개인정보를 수집하여 부당한 목적에 사용하여 철저히 수사하여 처벌해 달라는 고소장 사례

고 　 소 　 장

고 　 소 　 인 : ○ 　 　 ○ 　 　 ○

피 　 고 　 소 　 인 : ○ 　 　 ○ 　 　 ○

충청남도 보령경찰서장 귀중

고 소 장

1. 고 소 인

성 명	○ ○ ○	주민등록번호	생략
주 소	충청남도 보령시 대천로 ○○, ○○-○○호		
직 업	회사원	사무실 주 소	생략
전 화	(휴대폰) 010 - 5556 - 0000		
대리인에 의한 고 소	□ 법정대리인 (성명 : , 연락처) □ 고소대리인 (성명 : 변호사, 연락처)		

2. 피고소인

성 명	○ ○ ○	주민등록번호	생략
주 소	충청남도 보령시 ○○로 ○길 ○○○, ○호		
직 업	교직자	사무실 주 소	모릅니다.
전 화	(휴대폰) 010 - 3459 - 0000		
기타사항	고소인과의 관계 - 친·인척관계 없습니다.		

3. 고소취지

고소인은 피고소인에 관하여 다음과 같이 개인정보 보호법위반죄로 고소하오니, 귀 수사기관께서 엄정히 수사하셔서, 엄히 처벌하여 주시기 바랍니다.

4. 고소내용

(1) 고소인과 피고소인의 관계

고소인은 충청남도 보령시 ○○로 ○○, 소재 주식회사 ○○디앤씨라는 상호로 공예품을 제작·판매하는 법인의 대표이사로 재직하고 있고 ○○로 소재의 ○○고등학교에 대한 학부모회의 회장직을 받고 있으며, 피고소인을 ○○교육지원청에 ○○○으로 근무하는 자입니다.

(2) 고소제기

고소인은 ○○○○. ○○. ○○. ○○고등학교 학부모협의회의 개최하여 고등학교 학력신장에 대해 함께 논의하고 그 대안을 찾고자 학부모 토론회를 개최하였습니다.

그러나 ○○교육지원청은 충청남도교육청 학부모 네트워크 활성화 방안에 따라 자체 운영계획을 수립해 초.중.고.특수 총 ○○개 권역으로 학부모네트워크를 구성·운영하고, 학교급 별 학부모회는 공식적으로 조직하지 않은 상황이었기 때문에 고등학교 회장단협의회는 학부모들이 자발적으로 구성한 별도의 협의회라고 판단하고 있었습니다.

이에 따라 피고소인은 ○○고등학교 학부모협의회 회장인 고소인이 충청남도교육청의 학부모회 정책을 무력화 시도하고 지역교육청의 업무를 방해하고 있다고 판단하고, 고소인의 토론회 개최와 관련해 공개사과를 요구하는 등 심각한 마찰을 빚어왔습니다.

이러한 갈등이 지속되는 과정에서 고소인은 올해 2월 ○○교육지원청의 고위 공무원인 피고소인 등이 자신의 동의 없이 고등학교에 진학하는 아들의 배정 교를 알아본 것은 개인정보 유출 및 개인정보유출교사죄가 성립합니다.
고소인은 아들에게 혹시라도 해를 끼칠까 두려워 자녀가 진학원서를 쓸

당시에도 담임선생에게 지원 학교를 외부에 얘기하지 말라고 분명히 했으며, 아들에게 가까운 친구에게도 말을 하지 말 것을 당부할 정도였습니다.

그러나 피고소인은 고소인 아들의 고등학교 배정 교를 불법적으로 조사하여 아들이 볼모로 잡혀 있다는 것을 고소인에게 보여주려 하였던 것입니다.

또한 피고소인의 "개인정보 수집은 고소인의 학부모회 임원 및 운영위원회 위원 활동을 막기 위한 목적과 함께 학교 관계자에게 아들에 대한 특별한 관리 감독을 위한 목적인 것으로 밝혀졌습니다.

이에 대해 고소인이 피고소인에게 강력히 항의하자 오히려 피고소인은 이런 일은 사익을 위해서가 아니라 공무를 수행하는 과정에서 발생한 상황이기 때문에 개인정보 유출이 아니라고 생각한다면서 "학교 운영위원장과 학부모회장을 맡고 있는 고소인의 자녀에 대한 상급학교 이동상황은 통상적으로 파악한다며 억지주장을 하고 나섰습니다.

그러면서도 피고소인은 신중하게 다뤄야 하는 개인정보에 대한 인식이 약했다는 점은 인정한다고 인정하고 있습니다.

이에 앞서 고소인은 충청남도교육청에 요청한 감사에서 피고소인이 개인정보 주체의 동의를 받는 등의 절차 없이 개인정보를 수집하고 제공하는 등 개인 정보 관리를 부적절하게 한 사실이 확인됐다며 피고소인을 적발한 사실이 있으므로 고소인은 피고소인을 개인정보 보호법위반 혐의로 고소하오니 철저히 수사하여 범에 준엄함을 깨달을 수 있도록 엄벌에 처하여 주시기 바랍니다.

5. 증거자료

□ 고소인은 고소인의 진술 외에 제출할 증거가 없습니다.

■ 고소인은 고소인의 진술 외에 제출할 증거가 있습니다.

☞ 제출할 증거의 세부내역은 별지를 작성하여 첨부합니다.

6. 관련사건의 수사 및 재판 여부

① 중복 신고여부	본 고소장과 같은 내용의 진정서 또는 고소장을 다른 검찰청 또는 경찰서에 제출하거나 제출하였던 사실이 있습니다 □ / 없습니다 ■
② 관련 형사사건 수사 유무	본 고소장에 기재된 범죄사실과 관련된 사건 또는 공범에 대하여 검찰청이나 경찰서에서 수사 중에 있습니다 □ / 수사 중에 있지 않습니다 ■
③ 관련 민사소송 유무	본 고소장에 기재된 범죄사실과 관련된 사건에 대하여 법원에서 민사소송 중에 있습니다 □ / 민사소송 중에 있지 않습니다 ■

7. 기타

본 고소장에 기재한 내용은 고소인이 알고 있는 지식과 경험을 바탕으로 모두 사실대로 작성하였으며, 만일 허위사실을 고소하였을 때에는 형법 제156조 무고죄로 처벌받을 것임을 서약합니다.

○○○○ 년 ○○ 월 ○○ 일

위 고소인 : ○ ○ ○ (인)

충청남도 보령경찰서장 귀중

별지 : 증거자료 세부

  (범죄사실 입증을 위해 제출하려는 증거에 대하여 아래 각 증거별로 해당란을 구체적으로 작성해 주시기 바랍니다)

1. 인적증거

성 명	○ ○ ○	주민등록번호		생략	
주 소	자택 : 보령시 ○○로 ○○-○○호 직장 : 보령시 ○○로 ○○, ○○○호		직업	주민	
전 화	(휴대폰) 010 - 3211 - 0000				
입증하려는 내 용	위 ○○○은 피고소인이 개인정보 보호법위반에 대하여 사실관계를 소상히 알고 있으므로 이를 입증하고자 합니다.				

2. 증거서류

순번	증 거	작성자	제출 유무	
1	관련자료	고소인	■ 접수시 제출	□ 수사 중 제출
2			□ 접수시 제출	□ 수사 중 제출
3			□ 접수시 제출	□ 수사 중 제출
4			□ 접수시 제출	□ 수사 중 제출
5			□ 접수시 제출	□ 수사 중 제출

3. 증거물

순번	증 거	소유자	제출 유무	
1	관련자료	고소인	■ 접수시 제출	□ 수사 중 제출
2			□ 접수시 제출	□ 수사 중 제출
3			□ 접수시 제출	□ 수사 중 제출
4			□ 접수시 제출	□ 수사 중 제출
5			□ 접수시 제출	□ 수사 중 제출

4. 기타증거

  추후 필요에 따라 제출하겠습니다.

【고소장(2)】 공갈죄 위해를 가할 태도를 보여 겁을 먹은 고소인에게 돈을 받아 갈취하였으므로 처벌해 달라는 고소장 사례

고　　　소　　　장

고 　소 　인 :　○　　　○　　　○

피 고 소 인 :　○　　　○　　　○

광주시 북부경찰서장 귀중

고 소 장

1. 고소인

성 명	○ ○ ○	주민등록번호	생략
주 소	광주시 ○○구 ○○로 ○길 ○○, ○○○-○○○호		
직 업	생략	사무실 주 소	생략
전 화	(휴대폰) 010 - 6780 - 0000		
대리인에 의한 고 소	□ 법정대리인 (성명 : , 연락처) □ 소송대리인 (성명 : 변호사, 연락처)		

2. 피고소인

성 명	○ ○ ○	주민등록번호	생략
주 소	광주시 ○○구 ○○로 ○번길 ○○, ○○○호		
직 업	무직	사무실 주 소	생략
전 화	(휴대폰) 010 - 1277 - 0000		
기타사항	고소인과의 관계 - 친·인척관계 없습니다.		

3. 고소취지

고소인은 피고소인에 관하여 다음과 같이 형법 제350조 제1항 공갈죄로 고소하오니 법에 준엄함을 깨달을 수 있도록 철저히 수사하여 엄벌에 처해 주시기 바랍니다.

4. 범죄사실

(1) 피고소인은 고소 외 ○○○으로부터 고소인 ○○○(남, 당 39세)에 대한 채권 4,000만원을 대신 받아 주면 그 사례비로 500만원을 주겠다는 제의를 받고 이를 승낙하였습니다.

(2) 그리고 ○○○○. ○○. ○○. 15:40경 광주광역시 ○○구 ○○로 ○○길 ○○,에서 아름다운부동산중개사무소를 운영하는 고소인에게 찾아와 "당신이 ○○○(피고소인)에게 갚아야 할 4,000만 원을 지금 즉시 주지 않으면 신상에 해로울 것이다."고 말하고

이에 불응하면 고소인에게 어떠한 위해를 가할 것 같은 태도를 보여 이에 겁이 난 고소인으로부터 즉석에서 1,000만 원 자기앞수표 1매와 지불각서 1매를 교부받아 이를 갈취하였습니다.

(3) 이에 고소인은 피고소인을 형법 제350조 제1항 공갈혐의로 고소하오니 철저히 수사하여 법에 준엄함을 깨달을 수 있도록 엄벌에 처하여 주시기 바랍니다.

5. 증거자료

　　□ 고소인은 고소인의 진술 외에 제출할 증거가 없습니다.

　　■ 고소인은 고소인의 진술 외에 제출할 증거가 있습니다.

　　　☞ 제출할 증거의 세부내역은 별지를 작성하여 첨부합니다.

6. 관련사건의 수사 및 재판여부

① 중복 고소여부	본 고소장과 같은 내용의 고소장을 다른 검찰청 또는 경찰서에 제출하거나 제출하였던 사실이 있습니다 □ / 없습니다 ■
② 관련 형사사건 수사 유무	본 고소장에 기재된 범죄사실과 관련된 사건 또는 공범에 대하여 검찰청이나 경찰서에서 수사 중에 있습니다 □ / 수사 중에 있지 않습니다 ■
③ 관련 민사소송 유무	본 고소장에 기재된 범죄사실과 관련된 사건에 대하여 법원에서 민사소송 중에 있습니다 □ / 민사소송 중에 있지 않습니다 ■

7. 기타

본 고소장에 기재한 내용은 고소인이 알고 있는 지식과 경험을 바탕으로 모두 사실대로 작성하였으며, 만일 허위사실을 고소하였을 때에는 형법 제156조 무고죄로 처벌받을 것임을 아울러 서약합니다.

○○○○ 년 ○○ 월 ○○ 일

위 고소인 : ○   ○   ○   (인)

광주시 북부경찰서장 귀중

별지 : 증거자료 세부 목록

　　(범죄사실 입증을 위해 제출하려는 증거에 대하여 아래 각 증거별로 해당란을 구체적으로 작성해 주시기 바랍니다)

1. 인적증거

성　명	○ ○ ○	주민등록번호	생략		
주　소	○○시 ○○로 ○길 ○○, ○○○호			직업	상업
전　화	(휴대폰) 010 - 7123 - 0000				
입증하려는 내　용	위 ○○○은 고소인이 운영하는 부동산사무소의 직원으로서 피고소인이 찾아와 고소인에게 자기앞수표 등을 갈취하는 것을 직접 목격하여 이를 입증하고자 합니다.				

2. 증거서류

순번	증　거	작성자	제출 유무	
1	자기앞수표사본	고소인	■ 접수시 제출	□ 수사 중 제출
2	지불각서사본	고소인	■ 접수시 제출	□ 수사 중 제출
3			□ 접수시 제출	□ 수사 중 세출
4			□ 접수시 제출	□ 수사 중 제출
5			□ 접수시 제출	□ 수사 중 제출

3. 증거물

순번	증　거	소유자	제출 유무	
1	자기앞수표사본	고소인	■ 접수시 제출	□ 수사 중 제출
2			□ 접수시 제출	□ 수사 중 제출
3			□ 접수시 제출	□ 수사 중 제출
4			□ 접수시 제출	□ 수사 중 제출
5			□ 접수시 제출	□ 수사 중 제출

4. 기타증거

　　추후 필요에 따라 제출하겠습니다.

고   소   장

고 소 인 : ○   ○   ○

피 고 소 인 : ○   ○   ○

강원도 원주경찰서장 귀중

고 　소 　장

1. 고소인

성 명	○ ○ ○	주민등록번호	생략
주 소	강원도 원주시 ○○로 ○○길 ○○, ○○○호		
직 업	생략	사무실 주 소	생략
전 화	(휴대폰) 010 - 1245 - 0000		
대리인에 의한 고 소	□ 법정대리인 (성명 :　　　,　　　　연락처　　　　) □ 소송대리인 (성명 : 변호사,　　　연락처　　　　)		

2. 피고소인

성 명	○ ○ ○	주민등록번호	생략
주 소	강원도 원주시 ○○로 ○○길 ○○, ○○호		
직 업	상업	사무실 주 소	생략
전 화	(휴대폰) 010 - 8754 - 0000		
기타사항	고소인과의 관계 - 친·인척관계 없습니다.		

3. 고소취지

고소인은 피고소인에 관하여 다음과 같이 형법 제140조 제1항 공무상비밀표시무효죄 혐의로 고소하오니 법에 준엄함을 깨달을 수 있도록 철저히 수사하여 엄벌에 처해 주시기 바랍니다.

4. 범죄사실

(1) 피고소인은 ○○○○. ○○. ○○. 마을금고에서 2년 기한으로 5,000만원을 대출받아 사용하였으나 이를 변제하지 못하였습니다.

(2) 이에 따라 위 마음금고에서 춘천지방법원 원주지원에 경매신청하여 ○○○○. ○○. ○○. 건외 조○준이가 이를 낙찰받아 같은 해 ○○. ○○. 소유권이전과 동시에 위 조○준에게 명도되었으나

(3) 이사비용 등으로 500만원을 요구하여 이를 받지 못했다는 이유로 위 부동산 입구를 장롱 등을 쌓는 방법으로 막아 강제집행의 효용을 해하였습니다.

(4) 따라서 고소인은 피고소인을 공무상비밀표시무효죄로 고소하오니 엄히 처벌하여 주시바랍니다.

5. 증거자료

☐ 고소인은 고소인의 진술 외에 제출할 증거가 없습니다.

■ 고소인은 고소인의 진술 외에 제출할 증거가 있습니다.

　☞ 제출할 증거의 세부내역은 별지를 작성하여 첨부합니다.

6. 관련사건의 수사 및 재판여부

① 중복 고소여부	본 고소장과 같은 내용의 고소장을 다른 검찰청 또는 경찰서에 제출하거나 제출하였던 사실이 있습니다 ☐ / 없습니다 ■
② 관련 형사사건 수사유무	본 고소장에 기재된 범죄사실과 관련된 사건 또는 공범에 대하여 검찰청이나 경찰서에서 수사 중에 있습니다 ☐ / 수사 중에 있지 않습니다 ■
③ 관련 민사소송 유무	본 고소장에 기재된 범죄사실과 관련된 사건에 대하여 법원에서 민사소송 중에 있습니다 ☐ / 민사소송 중에 있지 않습니다 ■

7. 기타

본 고소장에 기재한 내용은 고소인이 알고 있는 지식과 경험을 바탕으로 모두 사실대로 작성하였으며, 만일 허위사실을 고소하였을 때에는 형법 제156조 무고죄로 처벌받을 것임을 아울러 서약합니다.

○○○○ 년 ○○ 월 ○○ 일

위 고소인 : ○ ○ ○   (인)

강원도 원주경찰서장 귀중

별지 : 증거자료 세부 목록

　　　　(범죄사실 입증을 위해 제출하려는 증거에 대하여 아래 각 증거별로 해
　　　　당란을 구체적으로 작성해 주시기 바랍니다)

1. 인적증거

성　명	○　○　○		주민등록번호	생략		
주　소	강원도 원주시 ○○로 ○길 ○○, ○○호				직업	직원
전　화	(휴대폰) 010 - 8765 - 0000					
입증하려는 내　용	위 ○○○은 피고소인이 부동산의 입구에 장롱 등을 쌓아 둔 현장을 직접 목격하여 이를 입증하고자 합니다.					

2. 증거서류

순번	증　거	작성자	제출 유무	
1	스크린샷	고소인	■ 접수시 제출	□ 수사 중 제출
2	진술서	고소인	■ 접수시 제출	□ 수사 중 제출
3			□ 접수시 제출	□ 수사 중 제출
4			□ 접수시 제출	□ 수사 중 제출
5			□ 접수시 제출	□ 수사 중 제출

3. 증거물

순번	증　거	소유자	제출 유무	
1	진술서 등	고소인	■ 접수시 제출	□ 수사 중 제출
2			□ 접수시 제출	□ 수사 중 제출
3			□ 접수시 제출	□ 수사 중 제출
4			□ 접수시 제출	□ 수사 중 제출
5			□ 접수시 제출	□ 수사 중 제출

4. 기타증거

　　추후 필요에 따라 제출하겠습니다.

고　　　소　　　장

고　소　인 : ○　　　○　　　○

피　고　소　인 : ○　　　○　　　○

강원도 춘천경찰서장 귀중

고 소 장

1. 고소인

성 명	○ ○ ○	주민등록번호	생략
주 소	강원도 춘천시 ○○로 ○○길 ○○, ○○○호		
직 업	생략	사무실 주 소	생략
전 화	(휴대폰) 010 - 1245 - 0000		
대리인에 의한 고 소	□ 법정대리인 (성명 : , 연락처) □ 소송대리인 (성명 : 변호사, 연락처)		

2. 피고소인

성 명	○ ○ ○	주민등록번호	생략
주 소	강원도 춘천시 ○○로 ○○길 ○○, ○○호		
직 업	상업	사무실 주 소	생략
전 화	(휴대폰) 010 - 8754 - 0000		
기타사항	고소인과의 관계 - 친·인척관계 없습니다.		

3. 고소취지

고소인은 피고소인에 관하여 다음과 같이 형법 제228조 제1항 공정증서원본 등의 부실기재죄 등으로 고소하오니 법에 준엄함을 깨달을 수 있도록 철저히 수사하여 엄벌에 처해 주시기 바랍니다.

4. 범죄사실

(1) 피고소인은 피고소인의 부친 ○○○명의의 부동산을 임의로 처분하는 데 사용할 목적으로 ○○○○. ○○. ○○. 춘천시 ○○로 ○○○, 소재 법무사 박○규 사무소에서 부친 ○○○명의의 부동산에 대하여 처분할 권한이 있는 것처럼 가장 하였습니다.

(2) 그리하여 그 정을 모르는 위 박○규로 하여금 등기신청에 관한 행위를 위임한다는 취지가 인쇄된 위임장과 매도증서 용지의 "부동산표시란에 춘천시 ○○로 ○길 ○○, 전 1,987.21㎡' 등기목적 소유권이전 매도인 춘천시 ○○로 ○○길 ○○, ○○아파트 ○○○동 ○○○○호 장0호" 이라고 검정색 볼펜으로 기재한 후 피고소인이 미리 절취하여 가지고 있던 위 ○○○의 인장을 그 이름 옆에 함부로 각 날인하여 권리의무에 관한 사문서인 위 ○○○ 명의의 위임장 및 매도증서 1통을 위조하였습니다.

(3) 피고소인은 같은 달 ○○. 11:20경 춘천시 ○○로 ○○, ○○등기소에서 그 정을 모르는 위 ○○○으로 하여금 위와 같이 위조한 위임장 및 매도증서를 등기공무원 ○○○에게 제출하여 이를 행사하였습니다.

피고소인은 같은 일시장소에서 위와 같이 허위사실을 신고하여 그 정을 모르는 등기공무원 ○○○으로 하여금 등기부원본에 위 부동산에 대하여 ○○○의 앞으로 매매를 원인으로 한 소유권이전등기를 경료하게 함으로써 공정증서원본에 불실의 사실을 기재하게 하고 이를 즉시 그곳에 비치하게 하여 행사하였습니다.

(4) 이에 고소인은 피고소인을 공정증서원본 등의 부실기재죄 등으로 고소하오니 철저히 수사하여 법에 준엄함을 깨달을 수 있도록 엄벌에 처하여 주시기 바랍니다.

5.증거자료

□ 고소인은 고소인의 진술 외에 제출할 증거가 없습니다.

■ 고소인은 고소인의 진술 외에 제출할 증거가 있습니다.

☞ 제출할 증거의 세부내역은 별지를 작성하여 첨부합니다.

6.관련사건의 수사 및 재판여부

① 중복 고소여부	본 고소장과 같은 내용의 고소장을 다른 검찰청 또는 경찰서에 제출하거나 제출하였던 사실이 있습니다 □ / 없습니다 ■
② 관련 형사사건 수사유무	본 고소장에 기재된 범죄사실과 관련된 사건 또는 공범에 대하여 검찰청이나 경찰서에서 수사 중에 있습니다 □ / 수사 중에 있지 않습니다 ■
③ 관련 민사소송 유무	본 고소장에 기재된 범죄사실과 관련된 사건에 대하여 법원에서 민사소송 중에 있습니다 □ / 민사소송 중에 있지 않습니다 ■

7.기타

본 고소장에 기재한 내용은 고소인이 알고 있는 지식과 경험을 바탕으로 모두 사실대로 작성하였으며, 만일 허위사실을 고소하였을 때에는 형법 제156조 무고죄로 처벌받을 것임을 아울러 서약합니다.

○○○○ 년 ○○ 월 ○○ 일

위 고소인 : ○   ○   ○   (인)

강원도 춘천경찰서장 귀중

별지 : 증거자료 세부 목록

(범죄사실 입증을 위해 제출하려는 증거에 대하여 아래 각 증거별로
해당란을 구체적으로 작성해 주시기 바랍니다)

1. 인적증거

성 명	○ ○ ○	주민등록번호	생략		
주 소	강원도 춘천시 ○○로 ○길 ○○, ○○○호			직업	직원
전 화	(휴대폰) 010 - 8765 - 0000				
입증하려는 내 용	위 ○○○은 피고소인이 법무사사무소에서 위임장 등을 위조하고 행사한 사실 등에 대하여 소상히 잘 알고 있으므 로 이를 입증하고자 합니다.				

2. 증거서류

순번	증 거	작성자	제출 유무
1	등기부등본	고소인	■ 접수시 제출　□ 수사 중 제출
2	진술서	고소인	■ 접수시 제출　□ 수사 중 제출
3			□ 접수시 제출　□ 수사 중 제출
4			□ 접수시 제출　□ 수사 중 제출
5			□ 접수시 제출　□ 수사 중 제출

3. 증거물

순번	증 거	소유자	제출 유무
1	진술서 등	고소인	■ 접수시 제출　□ 수사 중 제출
2			□ 접수시 제출　□ 수사 중 제출
3			□ 접수시 제출　□ 수사 중 제출
4			□ 접수시 제출　□ 수사 중 제출
5			□ 접수시 제출　□ 수사 중 제출

4. 기타증거

추후 필요에 따라 제출하겠습니다.

【고소장(5)】 교통사고처리 특례법 앞지르기위반 혐의로 무리한 지역에서 앞지르기 하여 교통
　　　　　사고 유발 처벌해 달라는 고소장 사례

고　　　소　　　　　장

고　소　인 : ○　　　○　　　○

피　고　소　인 : ○　　　○　　　○

전라북도 정읍경찰서장 귀중

고 소 장

1. 고소인

성 명	○ ○ ○	주민등록번호	생략
주 소	전라북도 정읍시 ○○로 ○○길 ○○, ○○○호		
직 업	생략	사무실 주 소	생략
전 화	(휴대폰) 010 - 1678 - 0000		
대리인에 의한 고 소	□ 법정대리인 (성명 : , 연락처) □ 소송대리인 (성명 : 변호사, 연락처)		

2. 피고소인

성 명	○ ○ ○	주민등록번호	생략
주 소	전라북도 정읍시 ○○로 ○○길 ○○, ○○호		
직 업	상업	사무실 주 소	생략
전 화	(휴대폰) 010 - 2322 - 0000		
기타사항	고소인과의 관계 - 친·인척관계 없습니다.		

3. 고소취지

고소인은 피고소인에 관하여 다음과 같이 교통사고처리 특례법 앞지르기위반으로 고소하오니 법에 준엄함을 깨달을 수 있도록 철저히 수사하여 엄벌에 처해 주시기 바랍니다.

4.범죄사실

(1) 피고소인은 ○○○○. ○○. ○○. 21:40경 자신의 전북 ○○로○○○○호 4륜구동차를 운전하여 전라북도 정읍시 ○○로 ○○길 ○○, 앞 편도 3차선도로의 2차선을 주행하고 있었습니다. 그곳은 심하게 구부러진 도로이므로 운전업무에 종사하는 자로서는 앞지르기를 하여서는 아니 됨에도 불구하고 이를 무시한 채

(2) 앞서 진행하는 고소인이 운전하는 강원 ○○다○○○○호 에쿠스 승용차를 1차선으로 앞지르기한 과실로 피고소인 운전의 차 오른쪽 앞 범퍼부분으로 고소인 운전의 차 왼쪽 뒷부분을 들이받아 그 충격으로 위 차량에 타고 있던 고소인에게 약 4주간의 치료를 요하는 뇌진탕상을 입게 하였습니다.

(3) 이에 고소인은 피고소인을 교통사고처리 특례법위반으로 고소하오니 철저히 수사하여 법에 준엄함을 깨달을 수 있도록 엄벌에 처하여 주시기 바랍니다.

5.증거자료

　□ 고소인은 고소인의 진술 외에 제출할 증거가 없습니다.

　■ 고소인은 고소인의 진술 외에 제출할 증거가 있습니다.

　　☞ 제출할 증거의 세부내역은 별지를 작성하여 첨부합니다.

6.관련사건의 수사 및 재판여부

① 중복 고소여부	본 고소장과 같은 내용의 고소장을 다른 검찰청 또는 경찰서에 제출하거나 제출하였던 사실이 있습니다 □ / 없습니다 ■
② 관련 형사사건 수사유무	본 고소장에 기재된 범죄사실과 관련된 사건 또는 공범에 대하여 검찰청이나 경찰서에서 수사 중에 있습니다 □ / 수사 중에 있지 않습니다 ■
③ 관련 민사소송 유무	본 고소장에 기재된 범죄사실과 관련된 사건에 대하여 법원에서 민사소송 중에 있습니다 □ / 민사소송 중에 있지 않습니다 ■

7. 기타

본 고소장에 기재한 내용은 고소인이 알고 있는 지식과 경험을 바탕으로 모두 사실대로 작성하였으며, 만일 허위사실을 고소하였을 때에는 형법 제156조 무고죄로 처벌받을 것임을 아울러 서약합니다.

○○○○ 년 ○○ 월 ○○ 일

위 고소인 : ○ ○ ○   (인)

전라북도 정읍경찰서장 귀중

별지 : 증거자료 세부 목록

　　　　(범죄사실 입증을 위해 제출하려는 증거에 대하여 아래 각 증거별로
　　　　해당란을 구체적으로 작성해 주시기 바랍니다)

1. 인적증거

성　명	○ ○ ○	주민등록번호	생략		
주　소	전라북도 정읍시 ○○로 ○길 ○○, ○○호			직업	직원
전　화	(휴대폰) 010 － 8765 － 0000				
입증하려는 내　용	위 ○○○은 피고소인이 앞지르기한 과실에 대하여 뒤 따라 운전하던 관계로 직접 목격하여 이를 입증하고자 합니다.				

2. 증거서류

순번	증　거	작성자	제출 유무	
1	스크린 샷	고소인	■ 접수시 제출	□ 수사 중 제출
2	진술서	고소인	■ 접수시 제출	□ 수사 중 제출
3			□ 접수시 제출	□ 수사 중 제출
4			□ 접수시 제출	□ 수사 중 제출
5			□ 접수시 제출	□ 수사 중 제출

3. 증거물

순번	증　거	소유자	제출 유무	
1	진술서 등	고소인	■ 접수시 제출	□ 수사 중 제출
2			□ 접수시 제출	□ 수사 중 제출
3			□ 접수시 제출	□ 수사 중 제출
4			□ 접수시 제출	□ 수사 중 제출
5			□ 접수시 제출	□ 수사 중 제출

4. 기타증거

　　추후 필요에 따라 제출하겠습니다.

【고소장(6)】 권리행사방해죄 타인의 권리가 된 지게차량을 몰래 옮겨놓아 권리행사를 방해
처벌을 해 달라는 고소장 사례

고　　　소　　　장

고　소　인 : ○　　　○　　　○

피　고　소　인 : ○　　　○　　　○

전라남도 해남경찰서장 귀중

고   소   장

1. 고소인

성 명	○ ○ ○	주민등록번호	생략
주 소	전라남도 완도군 완도읍 ○○로 ○길 ○○, ○○○호		
직 업	생략	사무실 주 소	생략
전 화	(휴대폰) 010 - 2890 - 0000		
대리인에 의한 고 소	□ 법정대리인 (성명 : , 연락처) □ 소송대리인 (성명 : 변호사, 연락처)		

2. 피고소인

성 명	○ ○ ○	주민등록번호	생략
주 소	전라남도 해남군 해남읍 ○○로 ○○길 ○○○,		
직 업	상업	사무실 주 소	생략
전 화	(휴대폰) 010 - 8754 - 0000		
기타사항	고소인과의 관계 - 친·인척관계 없습니다.		

3. 고소취지

고소인은 피고소인에 관하여 다음과 같이 형법 제323조 권리행사방해죄로 고소하오니 법에 준엄함을 깨달을 수 있도록 철저히 수사하여 엄벌에 처해 주시기 바랍니다.

4. 범죄사실

(1) 피고소인은 ○○○○. ○○. ○○. 피고소인 소유의 전남 ○○머○○○ ○호 지게차를 고소인에게 보증금 500만원에 임대료 월 90만원으로 1년 (12개월)간 임대차계약을 맺고 동시에 3개월분의 임대료 270만원을 교부 받았습니다.

(2) 그리고 위 지게차 운행권리 일체를 대여하고 고소인은 그 지게차를 다음 날부터 인도받아 전라남도 완도군 ○○로 ○○, 자기 집 차고에 보관하 면서 ○○건축공사장에서 지게차를 운행하고 있었습니다.

그러던 중 피고소인은 그 지게차의 임대료가 너무 싸다고 생각하여 고소 인에게 임대료의 인상을 요구하고 나섰습니다.

(3) 이에 고소인이 단호히 거절하자 피고소인은 ○○○○. ○○. ○○. 20:40경 위 지게차의 차고에서 전라남도 해남군 해남읍 ○○로 ○○,에 있는 피고소인의 차고로 옮겨감으로써 고소인의 위 지게차운행의 권리행 사를 방해하였습니다.

이에 고소인은 피고소인을 형법 제323조 권리행사방해죄로 고소하오니 철저히 수사하여 법에 준엄함을 깨달을 수 있도록 엄벌에 처하여 주시기 바랍니다.

5. 증거자료

　□ 고소인은 고소인의 진술 외에 제출할 증거가 없습니다.
　■ 고소인은 고소인의 진술 외에 제출할 증거가 있습니다.
　　☞ 제출할 증거의 세부내역은 별지를 작성하여 첨부합니다.

6. 관련사건의 수사 및 재판여부

① 중복 고소여부	본 고소장과 같은 내용의 고소장을 다른 검찰청 또는 경찰서에 제출하거나 제출하였던 사실이 있습니다 □ / 없습니다 ■
② 관련 형사사건 수사유무	본 고소장에 기재된 범죄사실과 관련된 사건 또는 공범에 대하여 검찰청이나 경찰서에서 수사 중에 있습니다 □ / 수사 중에 있지 않습니다 ■
③ 관련 민사소송 유무	본 고소장에 기재된 범죄사실과 관련된 사건에 대하여 법원에서 민사소송 중에 있습니다 □ / 민사소송 중에 있지 않습니다 ■

7. 기타

본 고소장에 기재한 내용은 고소인이 알고 있는 지식과 경험을 바탕으로 모두 사실대로 작성하였으며, 만일 허위사실을 고소하였을 때에는 형법 제156조 무고죄로 처벌받을 것임을 아울러 서약합니다.

○○○○ 년 ○○ 월 ○○ 일

위 고소인 : ○   ○   ○   (인)

전라남도 해남경찰서장 귀중

별지 : 증거자료 세부 목록

　　　(범죄사실 입증을 위해 제출하려는 증거에 대하여 아래 각 증거별로
　　　해당란을 구체적으로 작성해 주시기 바랍니다)

1. 인적증거

성 명	○ ○ ○	주민등록번호	생략	
주 소	전라남도 완도군 완도읍 ○○로 ○○	직업	직원	
전 화	(휴대폰) 010 - 9876 - 0000			
입증하려는 내 용	위 ○○○은 피고소인이 고소인에게 지게차를 임대한 과정에서부터 몰래 자신의 집으로 지게차를 옮겨간 사실을 목격하거나 알고 있으므로 이를 입증하고자 합니다.			

2. 증거서류

순번	증 거	작성자	제출 유무	
1	지게차임대계약서	피고소인	■ 접수시 제출	□ 수 사 중 제출
2	진술서	고소인	■ 접수시 제출	□ 수 사 중 제출
3			□ 접수시 제출	□ 수 사 중 제출
4			□ 접수시 제출	□ 수 사 중 제출
5			□ 접수시 제출	□ 수 사 중 제출

3. 증거물

순번	증 거	소유자	제출 유무	
1	진술서 등	고소인	■ 접수시 제출	□ 수 사 중 제출
2			□ 접수시 제출	□ 수 사 중 제출
3			□ 접수시 제출	□ 수 사 중 제출
4			□ 접수시 제출	□ 수 사 중 제출
5			□ 접수시 제출	□ 수 사 중 제출

4. 기타증거

　　　추후 필요에 따라 제출하겠습니다.

【고소장(7)】 단순 명예훼손죄 직장에 찾아와 느닷없이 많은 사람들 앞에서 큰소리로 고함을
질러 명예훼손 고소장 사례

고   소   장

고 소 인 : ○   ○   ○

피 고 소 인 : ○   ○   ○

경기도 수원중부경찰서장 귀중

고 소 장

1. 고소인

성 명	○ ○ ○	주민등록번호	생략
주 소	경기도 수원시 ○○구 ○○로 ○○, ○○○호		
직 업	회사원	사무실 주 소	생략
전 화	(휴대폰) 010 - 4532 - 0000		
대리인에 의한 고 소	□ 법정대리인 (성명 : , 연락처) □ 소송대리인 (성명 : 변호사, 연락처)		

2. 피고소인

성 명	○ ○ ○	주민등록번호	생략
주 소	경기도 수원시 영통구 ○○로 ○길 ○, ○○○호		
직 업	상업	사무실 주 소	생략
전 화	(휴대폰) 010 - 4554 - 0000		
기타사항	고소인과의 관계 - 친·인척관계 없습니다.		

3. 고소취지

고소인은 피고소인을 형법 제307조(명예훼손죄)로 고소하오니 철저히 수사하여 법에 준엄함을 깨달을 수 있도록 엄히 처벌하여 주시기 바랍니다.

4.범죄사실

(1) 고소인은 주소지에 거주하며 ○○증권 ○○지점 딜러로 근무하고 있고, 피고소인은 고소인이 근무하는 ○○증권 ○○지점의 의뢰고객입니다.

(2) 고소인이 출근하여 업무를 보고 있는데 고객 한분께서 고소인에게 ○○증권 ○○지점에 근무하는 창구 여직원하고 바람을 피워 가정이 있는 사람이 그러면 못쓴다고 해서 고소인은 깜짝 놀란 나머지 누구에게 그런 헛소문을 들었냐고 묻자 고객들로부터 어제 식당에 모여 식사하는 자리에서 많은 분들이 보고 있는데 피고소인이 그랬다고 고소인에게 말을 해주어 알게 된 것이지만 고소인으로서는 고객들로부터 투자 금을 유치하는 업무와 개인적인 생활관계가 고스란히 신뢰로 연결되는 시점에서 피고소인의 고소인에 대한 헛소문은 치명적일 뿐 아니라 같은 객장에서 근무하는 여직원들 보기 부끄럽고 창피하여 회사를 그만 둬야하는 처지에 봉착되어 고소인은 피고소인을 공연히 허위사실을 적시하여 고소인의 명예를 훼손한 혐의로 고소하오니 철저히 수사하여 엄벌에 처하여 주시기 바랍니다.

5.증거자료

□ 고소인은 고소인의 진술 외에 제출할 증거가 없습니다.

■ 고소인은 고소인의 진술 외에 제출할 증거가 있습니다.

☞ 제출할 증거의 세부내역은 별지를 작성하여 첨부합니다.

6.관련사건의 수사 및 재판여부

① 중복 고소여부	본 고소장과 같은 내용의 고소장을 다른 검찰청 또는 경찰서에 제출하거나 제출하였던 사실이 있습니다 □ / 없습니다 ■
② 관련 형사사건 수사유무	본 고소장에 기재된 범죄사실과 관련된 사건 또는 공범에 대하여 검찰청이나 경찰서에서 수사 중에 있습니다 □ / 수사 중에 있지 않습니다 ■
③ 관련 민사소송 유무	본 고소장에 기재된 범죄사실과 관련된 사건에 대하여 법원에서 민사소송 중에 있습니다 □ / 민사소송 중에 있지 않습니다 ■

7. 기타

본 고소장에 기재한 내용은 고소인이 알고 있는 지식과 경험을 바탕으로 모두 사실대로 작성하였으며, 만일 허위사실을 고소하였을 때에는 형법 제156조 무고죄로 처벌받을 것임을 아울러 서약합니다.

○○○○ 년 ○○ 월 ○○ 일

위 고소인 : ○   ○   ○   (인)

경기도 수원중부경찰서장 귀중

별지 : 증거자료 세부 목록

（범죄사실 입증을 위해 제출하려는 증거에 대하여 아래 각 증거별로 해당란을 구체적으로 작성해 주시기 바랍니다）

1. 인적증거

성 명	○ ○ ○	주민등록번호	생략	
주 소	수원시 ○○구 ○○로 ○○, ○○○-○○○호		직업	회사원
전 화	(휴대폰) 010 - 1256 - 0000			
입증하려는 내 용	위 ○○○은 고소인과 같은 회사에 근무하면서 피고소인이 고소인에 대한 헛소문을 퍼트린 사실에 대하여 직접 목격하여 피고소인에 대한 범행에 대하여 잘 알고 있어 이를 입증하고자 합니다.			

2. 증거서류

순번	증 거	작성자	제출 유무	
1	목격자 진술서	고소인	■ 접수시 제출	□ 수사 중 제출
2	진술서	고소인	■ 접수시 제출	□ 수사 중 제출
3			□ 접수시 제출	□ 수사 중 제출
4			□ 접수시 제출	□ 수사 중 제출
5			□ 접수시 제출	□ 수사 중 제출

3. 증거물

순번	증 거	소유자	제출 유무	
1	진술서	고소인	■ 접수시 제출	□ 수사 중 제출
2			□ 접수시 제출	□ 수사 중 제출
3			□ 접수시 제출	□ 수사 중 제출
4			□ 접수시 제출	□ 수사 중 제출
5			□ 접수시 제출	□ 수사 중 제출

4. 기타증거

추후 필요에 따라 제출하겠습니다.

고   소   장

고 소 인 : ○   ○   ○

피 고 소 인 : ○   ○   ○

청주 흥덕경찰서장 귀중

고 소 장

1. 고 소 인

성 명	○ ○ ○	주민등록번호	생략
주 소	청주시 ○○구 ○○로 ○○, 109동 1203호		
직 업	가정주부	사무실 주 소	생략
전 화	(휴대전화) 010 - 9808 - 0000		
대리인에 의한 고 소	□ 법정대리인 (성명 : , 연락처) □ 고소대리인 (성명 : 변호사 , 연락처)		

2. 피고소인

성 명	○ ○ ○	주민등록번호	모릅니다.
주 소	청주시 ○○구 ○○로 ○○, 빌라 ○○○호		
직 업	무직	사무실 주 소	없습니다.
전 화	010 - 3210 - 0000		
기타사항	고소인과의 관계 - 친·인척관계 없습니다.		

3. 고소취지

고소인은 피고소인을 형법 제347조 제1항 사기혐의로 고소하오니 법에 준엄함을 깨달을 수 있도록 엄벌에 처해 주시기 바랍니다.

4. 범죄사실

(1) 고소인의 남편 ○○○이 피고소인에게 ○○○○. ○○. ○○. 1,000만

원을 빌려줬습니다. 사업적으로 남편이 피고소인과 연계되어 있기도 하고 남편이 믿고 따르는 형님이기도 해서 다음 달에 적금을 타서 꼭 변제하겠다는 말을 고소인은 철썩 같이 믿고 고소인도 정말 어려운 형편이지만 대출까지 받아 피고소인의 하나은행계좌번호 ○○○-○○○-○○○○○로 3,000만 원을 송금하여 빌려줬습니다.

(2) 그러나 갚겠다고 한 날짜에 원금은커녕 이자도 안 들어오고 이렇다 할 얘기가 없어서 대출받은 은행에 이자도 매달 지급해야 하는 딱한 처지에서 고소인이 직접 피고소인을 찾아가 돈을 갚아 달라고 독촉하자 피고소인은 무조건 ○○○○. ○○. ○○.에 갚겠다는 확답을 듣고 남편을 통해서 차용증도 써주겠다고 했습니다.

(3) 피고소인은 남편을 통해 차용증도 안 써주고 고소인이 차용증을 받으러 찾아가면 피하기가 일쑤고 원금은 고사하고 지금까지 이자 한번 도 준 적이 없다가 이제는 아예 사무실까지 정리해 잠적한 상태에서 고소인과 남편이 피고소인에게 전화하면 다른 사람들과는 전화를 통하면서 받지 않고 매번 피하기만 합니다.

(4) 솔직히 남편 돈 1,000만원 하고 고소인이 송금해준 3,000만 원은 대출을 받아 피고소인에게 준 것이고 대출금을 고소인이 갚아 나가는 형편이라 너무 속상합니다. 하지만 그분은 고소인으로부터 돈을 꿀 당시 신용불량자 상태에서 갚을 능력도 안 되었을 뿐만 아니라 처음부터 고소인에게 돈을 빌리더라도 변제할 의사 없이 돈을 빌려 착복한 것으로서 피고소인 때문에 저희처럼 피해보는 사람이 없으리란 보장도 없고 너무나 괘씸하기도 해서 피고소인을 사기죄로 고소하오니 철저히 수사하시어 엄벌에 처하여 주시기 바랍니다.

5. 증거자료

□ 고소인은 고소인의 진술 외에 제출할 증거가 없습니다.

■ 고소인은 고소인의 진술 외에 제출할 증거가 있습니다.

☞ 제출할 증거의 세부내역은 별지를 작성하여 첨부합니다.

6. 관련사건의 수사 및 재판여부

① 중복 고소여부	본 고소장과 같은 내용의 고소장을 다른 검찰청 또는 경찰서에 제출하거나 제출하였던 사실이 있습니다 □ / 없습니다 ■
② 관련 형사사건 수사유무	본 고소장에 기재된 범죄사실과 관련된 사건 또는 공범에 대하여 검찰청이나 경찰서에서 수사 중에 있습니다 □ / 수사 중에 있지 않습니다 ■
③ 관련 민사소송 유무	본 고소장에 기재된 범죄사실과 관련된 사건에 대하여 법원에서 민사소송 중에 있습니다 □ / 민사소송 중에 있지 않습니다 ■

7. 기타

본 고소장에 기재한 내용은 고소인이 알고 있는 지식과 경험을 바탕으로 모두 사실대로 작성하였으며, 만일 허위사실을 고소하였을 때에는 형법 제156조 무고죄로 처벌받을 것임을 아울러 서약합니다.

○○○○ 년 ○○ 월 ○○ 일

위 고소인 : ○ ○ ○   (인)

청주 흥덕경찰서장 귀중

별지 : 증거자료 세부 목록

    (범죄사실 입증을 위해 제출하려는 증거에 대하여 아래 각 증거별로 해당란을 구체적으로 작성해 주시기 바랍니다)

1. 인적증거

성 명	○ ○ ○	주민등록번호		생략	
주 소	자택 : 청주시 ○○구 ○○로 ○○, ○ 직장 : 청주시 ○○구 ○○로 ○○○		직업	회사원	
전 화	(휴대폰) 010 - 1245 - 0000				
입증하려는 내 용	위 ○○○은 피고소인이 많은 사람들로부터 고소인과 같은 방법으로 돈을 빌리고 갚지 않고 있는 사실을 잘 알고 있어 이를 입증하고자 합니다.				

2. 증거서류

순번	증 거	작성자	제출 유무	
1	온라인 송금영수증	고소인	■ 접수시 제출	□ 수사 중 제출
2	고소인 통장거래내역	고소인	■ 접수시 제출	□ 수사 중 제출
3			□ 접수시 제출	□ 수사 중 제출
4			□ 접수시 제출	□ 수사 중 제출
5			□ 접수시 제출	□ 수사 중 제출

3. 증거물

순번	증 거	소유자	제출 유무	
1	온라인 송금영수증	고소인	■ 접수시 제출	□ 수사 중 제출
2	고소인 통장거래내역	고소인	■ 접수시 제출	□ 수사 중 제출
3			□ 접수시 제출	□ 수사 중 제출
4			□ 접수시 제출	□ 수사 중 제출
5			□ 접수시 제출	□ 수사 중 제출

4. 기타증거

    추후 필요에 따라 제출하겠습니다.

고   소   장

고 소 인 : ○   ○   ○

피 고 소 인 : ○   ○   ○

충청남도 서산경찰서장 귀중

고 소 장

1. 고소인

성 명	○ ○ ○	주민등록번호	생략
주 소	충청남도 서산시 ○○로 ○○길 ○○, ○○○호		
직 업	생략	사무실 주 소	생략
전 화	(휴대폰) 010 - 0948 - 0000		
대리인에 의한 고 소	☐ 법정대리인 (성명 : , 연락처) ☐ 소송대리인 (성명 : 변호사, 연락처)		

2. 피고소인

성 명	○ ○ ○	주민등록번호	생략
주 소	충청남도 서산시 ○○로 ○길 ○○, ○○○호		
직 업	상업	사무실 주 소	생략
전 화	(휴대폰) 010 - 8754 - 0000		
기타사항	고소인과의 관계 - 친·인척관계 없습니다.		

3. 고소취지

고소인은 피고소인에 관하여 다음과 같이 형법 제156조 무고죄로 고소하오
니 법에 준엄함을 깨달을 수 있도록 철저히 수사하여 엄벌에 처해 주시기
바랍니다.

4.범죄사실

(1) 피고소인은 ○○○○. ○○. ○○. 고소인으로부터 충청남도 서산시 ○
○로 ○○, 소재 ○○호프집을 임차하여 그와 내연의 관계에 있던 조○
○에게 호프집을 운영하도록 하였습니다.

(2) 그러던 중 ○○○○. ○○. ○○. 임대차계약의 임차인을 피고소인 명의
에서 조○○ 명의로 변경하도록 승낙한 사실이 있었음에도 불구하고 고
소인을 상대로 임대차보증금반환 청구소송을 제기하였으나 피고소인이
패소하였습니다.

(3) 그러자 고소인으로 하여금 형사처분을 받게 할 목적으로 ○○○○. ○
○. ○○. 충청남도 서산시 ○○로 ○○, 장성빌딩 2층 ○○카페에서 조
○○과 통정하여 피고소인 모르게 고소인이 다시 임대차계약을 작성하고
금 5,500만원을 편취하였다는 취지의 고소장을 작성한 후 ○○○○. ○
○. ○○. 서산경찰서 민원실에서 같은 경찰서장 앞으로 이를 제출하고
접수하게 하여 공무소에 대하여 허위의 사실을 신고하였습니다.

(4) 이에 고소인은 피고소인을 형법 제156조 무고죄로 고소하오니 철저히 수
사하여 법에 준엄함을 깨달을 수 있도록 엄히 처벌하여 주시기 바랍니다.

5.증거자료

☐ 고소인은 고소인의 진술 외에 제출할 증거가 없습니다.

■ 고소인은 고소인의 진술 외에 제출할 증거가 있습니다.

☞ 제출할 증거의 세부내역은 별지를 작성하여 첨부합니다.

6. 관련사건의 수사 및 재판여부

① 중복 고소여부	본 고소장과 같은 내용의 고소장을 다른 검찰청 또는 경찰서에 제출하거나 제출하였던 사실이 있습니다 □ / 없습니다 ■
② 관련 형사사건 수사유무	본 고소장에 기재된 범죄사실과 관련된 사건 또는 공범에 대하여 검찰청이나 경찰서에서 수사 중에 있습니다 □ / 수사 중에 있지 않습니다 ■
③ 관련 민사소송 유무	본 고소장에 기재된 범죄사실과 관련된 사건에 대하여 법원에서 민사소송 중에 있습니다 □ / 민사소송 중에 있지 않습니다 ■

7. 기타

본 고소장에 기재한 내용은 고소인이 알고 있는 지식과 경험을 바탕으로 모두 사실대로 작성하였으며, 만일 허위사실을 고소하였을 때에는 형법 제156조 무고죄로 처벌받을 것임을 아울러 서약합니다.

○○○○ 년 ○○ 월 ○○ 일

위 고소인 : ○   ○   ○   (인)

충청남도 서산경찰서장 귀중

별지 : 증거자료 세부 목록

　　　(범죄사실 입증을 위해 제출하려는 증거에 대하여 아래 각 증거별로 해당란을 구체적으로 작성해 주시기 바랍니다)

1. 인적증거

성 명	○ ○ ○	주민등록번호	생략		
주 소	충청남도 서산시 ○○로 ○길 ○○, ○○호			직업	상업
전 화	(휴대폰) 010 - 8765 - 0000				
입증하려는 내 용	위 ○○○은 피고소인과 내연관계로 현재 호프집을 운영하고 있고 이 사건의 경위를 소상히 잘 알고 있으므로 이를 입증하고자합니다.				

2. 증거서류

순번	증 거	작성자	제출 유무	
1	고소장 사본	고소인	■ 접수시 제출	□ 수사 중 제출
2	진술서	고소인	■ 접수시 제출	□ 수사 중 제출
3			□ 접수시 제출	□ 수사 중 제출
4			□ 접수시 제출	□ 수사 중 제출
5			□ 접수시 제출	□ 수사 중 제출

3. 증거물

순번	증 거	소유자	제출 유무	
1	진술서 등	고소인	■ 접수시 제출	□ 수사 중 제출
2			□ 접수시 제출	□ 수사 중 제출
3			□ 접수시 제출	□ 수사 중 제출
4			□ 접수시 제출	□ 수사 중 제출
5			□ 접수시 제출	□ 수사 중 제출

4. 기타증거

　　추후 필요에 따라 제출하겠습니다.

고   소   장

고 소 인 : ○   ○   ○

피 고 소 인 : ○   ○   ○

경상남도 창녕경찰서장 귀중

고   소   장

1. 고소인

성 명	○ ○ ○		주민등록번호	생략
주 소	경상남도 창녕군 창녕읍 ○○로 ○길 ○○, ○○○호			
직 업	생략	사무실 주 소	생략	
전 화	(휴대폰) 010 - 2948 - 0000			
대리인에 의한 고 소	□ 법정대리인 (성명 : , 연락처) □ 소송대리인 (성명 : 변호사, 연락처)			

2. 피고소인

성 명	○ ○ ○		주민등록번호	생략
주 소	경상남도 창녕군 ○○읍 ○○로 ○○길 ○○,			
직 업	상업	사무실 주 소	생략	
전 화	(휴대폰) 010 - 8754 - 0000			
기타사항	고소인과의 관계 - 친·인척관계 없습니다.			

3. 고소취지

고소인은 피고소인에 관하여 다음과 같이 산업집적활성화 및 공장설립에 관한 법률위반죄로 고소하오니 법에 준엄함을 깨달을 수 있도록 철저히 수사하여 엄벌에 처해 주시기 바랍니다.

4. 범죄사실

(1) 고소인은 주소지에 거주하고 있고 피고소인은 상자제조 및 판매업 등을

목적으로 설립한 주식회사 ○○산업의 대표이사입니다.

(2) 피고소인은 고소인의 소유인 토지 옆으로 관할관청에 공장신설신고를 하지 않고 ○○○○. ○○. ○○. 경상남도 창녕군 ○○읍 ○○로 ○○,에 있는 밭 5,289.12㎡에 철재파이프 및 천막으로 창고 2동 면적합계 2,170㎡와 시멘트블록과 슬라브지붕으로 된 제조시설 및 사무실용도의 건축물 2개동 면적합계 1,786.09㎡를 각 설치 및 신축하고 위 건축물 안에 골판지상자의 제조시설인 절단기 및 인쇄기 등의 기재를 각 배치하여 공장을 신설하였습니다.

(3) 이에 고소인은 피고소인을 산업집적활성화 및 공장설립에 관한 법률 제13조 및 제52조 제2항 1의 위반으로 고소하오니 철저히 수사하여 법에 준엄함을 깨달을 수 있도록 엄벌에 처하여 주시기 바랍니다.

5. 증거자료

□ 고소인은 고소인의 진술 외에 제출할 증거가 없습니다.

■ 고소인은 고소인의 진술 외에 제출할 증거가 있습니다.

☞ 제출할 증거의 세부내역은 별지를 작성하여 첨부합니다.

6. 관련사건의 수사 및 재판여부

① 중복 고소여부	본 고소장과 같은 내용의 고소장을 다른 검찰청 또는 경찰서에 제출하거나 제출하였던 사실이 있습니다 □ / 없습니다 ■
② 관련 형사사건 수사유무	본 고소장에 기재된 범죄사실과 관련된 사건 또는 공범에 대하여 검찰청이나 경찰서에서 수사 중에 있습니다 □ / 수사 중에 있지 않습니다 ■
③ 관련 민사소송 유무	본 고소장에 기재된 범죄사실과 관련된 사건에 대하여 법원에서 민사소송 중에 있습니다 □ / 민사소송 중에 있지 않습니다 ■

7. 기타

본 고소장에 기재한 내용은 고소인이 알고 있는 지식과 경험을 바탕으로 모두 사실대로 작성하였으며, 만일 허위사실을 고소하였을 때에는 형법 제156조 무고죄로 처벌받을 것임을 아울러 서약합니다.

○○○○ 년 ○○ 월 ○○ 일

위 고소인 : ○　　○　　○　　（인）

경상남도 창녕경찰서장 귀중

별지 : 증거자료 세부 목록

　　　(범죄사실 입증을 위해 제출하려는 증거에 대하여 아래 각 증거별로
　　　해당란을 구체적으로 작성해 주시기 바랍니다)

1. 인적증거

성　명	○ ○ ○	주민등록번호	생략	
주　소	경상남도 ○○군 ○○읍 ○○로 ○○		직업	농업
전　화	(휴대폰) 010 - 9876 - 0000			
입증하려는 내　용	위 ○○○은 피고소인이 무신고로 공장을 신설하여 가동하고 있는 사실에 대하여 이웃주민으로서 직접 목격하였으므로 이를 입증하고자 합니다.			

2. 증거서류

순번	증　거	작성자	제출 유무	
1	스크린샷	고소인	■ 접수시 제출	□ 수사 중 제출
2	진술서	고소인	■ 접수시 세출	□ 수사 중 제출
3			□ 접수시 제출	□ 수사 중 제출
4			□ 접수시 제출	□ 수사 중 제출
5			□ 접수시 제출	□ 수사 중 제출

3. 증거물

순번	증　거	소유자	제출 유무	
1	진술시 등	고소인	■ 접수시 제출	□ 수사 중 제출
2			□ 접수시 제출	□ 수사 중 제출
3			□ 접수시 제출	□ 수사 중 제출
4			□ 접수시 제출	□ 수사 중 제출
5			□ 접수시 제출	□ 수사 중 제출

4. 기타증거

　　추후 필요에 따라 제출하겠습니다.

고　　　소　　　장

고　소　인 : ○　　　○　　　○

피　고　소인 : ○　　　○　　　○

전주 완산경찰서장 귀중

고 소 장

1. 고 소 인

성 명	○ ○ ○	주민등록번호	생략
주 소	전주시 ○○구 ○○로 ○○, ○○○동 ○○○호		
직 업	상업	사무실 주 소	생략
전 화	(휴대전화) 010 - 1987 - 0000		
대리인에 의한 고 소	□ 법정대리인 (성명 : , 연락처) □ 고소대리인 (성명 : 변호사 , 연락처)		

2. 피고소인

성 명	○ ○ ○	주민등록번호	모릅니다.
주 소	전주시 ○○구 ○○로 ○○, ○○○호		
직 업	상업	사무실 주 소	없습니다.
전 화	(휴대전화) 010 - 3210 - 0000		
기타사항	고소인과의 관계 - 친·인처관계 없습니다.		

3. 고소취지

고소인은 피고소인을 형법 제313조 신용훼손죄로 고소하오니 법에 준엄함을
깨달을 수 있도록 엄벌에 처해 주시기 바랍니다.

4. 범죄사실

(1) 피고소인은 전라북도 전주시 완산구 ○○로 ○길 ○○○,에서 장수컴퓨터의 컴퓨터판매점을 운영하고 있습니다.

(2) 피고소인은 ○○○○. ○○. ○○. 판매점 근처의 같은 지역 안에서 ○○회사의 컴퓨터를 판매하는 고소인이 연일 사은행사를 진행하여 손님을 끌자 그것을 시기하여 상점 등에서 만나는 사람들에게 고소인이 저렇게 날마다 행사를 하는 것은 부도를 막기 위한 마지막 발악이다.

(3) 또한 고소인은 개인적으로도 여러 곳에 빚이 많고 지금까지 장사도 잘 안돼서 행사를 한다고 해도 일어서기가 매우 힘들 것이다. 라고 하여

고소인이 많은 부채를 지고 있으며, 고소인의 컴퓨터 판매점이 경제적으로 위기에 빠져 있는 것처럼 허위사실을 유포하여 고소인의 신용을 훼손하였습니다.

이에 고소인은 피고소인을 형법 제313조 신용훼손죄로 고소하오니 철저히 수사하여 법에 준엄함을 깨달을 수 있도록 엄벌에 처하여 주시기 바랍니다.

5. 증거자료

□ 고소인은 고소인의 진술 외에 제출할 증거가 없습니다.

■ 고소인은 고소인의 진술 외에 제출할 증거가 있습니다.

☞ 제출할 증거의 세부내역은 별지를 작성하여 첨부합니다.

6. 관련사건의 수사 및 재판여부

① 중복 고소여부	본 고소장과 같은 내용의 고소장을 다른 검찰청 또는 경찰서에 제출하거나 제출하였던 사실이 있습니다 □ / 없습니다 ■
② 관련 형사사건 수사유무	본 고소장에 기재된 범죄사실과 관련된 사건 또는 공범에 대하여 검찰청이나 경찰서에서 수사 중에 있습니다 □ / 수사 중에 있지 않습니다 ■
③ 관련 민사소송 유무	본 고소장에 기재된 범죄사실과 관련된 사건에 대하여 법원에서 민사소송 중에 있습니다 □ / 민사소송 중에 있지 않습니다 ■

7. 기타

본 고소장에 기재한 내용은 고소인이 알고 있는 지식과 경험을 바탕으로 모두 사실대로 작성하였으며, 만일 허위사실을 고소하였을 때에는 형법 제156조 무고죄로 처벌받을 것임을 아울러 서약합니다.

○○○○ 년 ○○ 월 ○○ 일

위 고소인 : ○   ○   ○   (인)

전주 완산경찰서장 귀중

별지 : 증거자료 세부 목록
        (범죄사실 입증을 위해 제출하려는 증거에 대하여 아래 각 증거별로
        해당란을 구체적으로 작성해 주시기 바랍니다)

1. 인적증거

성 명	○ ○ ○	주민등록번호		생략	
주 소	자택 : 전주시 ○○구 ○○로 ○○, ○○ 직장 : 전주시 ○○구 ○○로 ○○○		직업	회사원	
전 화	(휴대폰) 010 - 1245 - 0000				
입증하려는 내 용	위 ○○○은 피고소인이 많은 사람들에게 허위사실을 유포한 사실을 잘 알고 있어 이를 입증하고자 합니다.				

2. 증거서류

순번	증 거	작성자	제출 유무	
1	진술서	고소인	■ 접수시 제출	□ 수사 중 제출
2	진술서	고소인	■ 접수시 제출	□ 수사 중 제출
3			□ 접수시 제출	□ 수사 중 제출
4			□ 접수시 제출	□ 수사 중 제출
5			□ 접수시 제출	□ 수사 중 제출

3. 증거물

순번	증 거	소유자	제출 유무	
1	진술서	고소인	■ 접수시 제출	□ 수사 중 제출
2	확인서	고소인	■ 접수시 제출	□ 수사 중 제출
3			□ 접수시 제출	□ 수사 중 제출
4			□ 접수시 제출	□ 수사 중 제출
5			□ 접수시 제출	□ 수사 중 제출

4. 기타증거

    추후 필요에 따라 제출하겠습니다.

【고소장(12)】 재물손괴 죄 차용증을 변제하겠다고 빼앗아 찢어버려 철저히 수사하여 처벌해
달라는 고소장 사례

고　　　소　　　장

고　소　인 : ○　　　○　　　○

피　고　소　인 : ○　　　○　　　○

광주시　○○경찰서장　귀중

고 소 장

1. 고소인

성 명	○ ○ ○	주민등록번호	생략
주 소	광주시 ○○구 ○○로 ○길 ○○, ○○○-○○○호		
직 업	생략	사무실 주 소	생략
전 화	(휴대폰) 010 - 6780 - 0000		
대리인에 의한 고 소	☐ 법정대리인 (성명 : , 연락처) ☐ 소송대리인 (성명 : 변호사, 연락처)		

2. 피고소인

성 명	○ ○ ○	주민등록번호	생략
주 소	광주시 ○○구 ○○로 ○번길 ○○, ○○○호		
직 업	상업	사무실 주 소	생략
전 화	(휴대폰) 010 - 1277 - 0000		
기타사항	고소인과의 관계 - 친·인척관계 없습니다.		

3. 고소취지

고소인은 피고소인에 관하여 다음과 같이 형법 제366조 재물손괴죄로 고소하오니 법에 준엄함을 깨달을 수 있도록 철저히 수사하여 엄벌에 처해 주시기 바랍니다.

4. 범죄사실

(1) 피고소인은 ○○○○. ○○. ○○. 17:40경 광주광역시 ○○구 ○○로

○○길 00, 000호에 있는 피고소인의 집에서 고소인으로부터 이전에 피고소인이 3,000만 원을 차용하면서 고소인에게 작성 교부한 차용증서 1통(피고소인 작성, 고소인 귀하의 것)을 내보이며,

(2) 위 돈을 갚아 줄 것을 요구하자 갑자기 피고소인이 고소인에게 달려들어 고소인이 가지고 있던 위 차용증을 빼앗아 찢어버려서 권리의무에 관한 고소인 소유의 위 문서인 차용증을 손괴하였습니다.

이에 고소인은 피고소인을 형법 제366조 재물손괴죄로 고소하오니 철저히 수사하여 법에 준엄함을 깨달을 수 있도록 엄벌에 처하여 주시기 바랍니다.

5. 증거자료

□ 고소인은 고소인의 진술 외에 제출할 증거가 없습니다.

■ 고소인은 고소인의 진술 외에 제출할 증거가 있습니다.

☞ 제출할 증거의 세부내역은 별지를 작성하여 첨부합니다.

6. 관련사건의 수사 및 재판여부

① 중복 고소여부	본 고소장과 같은 내용의 고소장을 다른 검찰청 또는 경찰서에 제출하거나 제출하였던 사실이 있습니다 □ / 없습니다 ■
② 관련 형사사건 수사유무	본 고소장에 기재된 범죄사실과 관련된 사건 또는 공범에 대하여 검찰청이나 경찰서에서 수사 중에 있습니다 □ / 수사 중에 있지 않습니다 ■
③ 관련 민사소송 유무	본 고소장에 기재된 범죄사실과 관련된 사건에 대하여 법원에서 민사소송 중에 있습니다 □ / 민사소송 중에 있지 않습니다 ■

7. 기타

본 고소장에 기재한 내용은 고소인이 알고 있는 지식과 경험을 바탕으로 모두 사실대로 작성하였으며, 만일 허위사실을 고소하였을 때에는 형법 제156조 무고죄로 처벌받을 것임을 아울러 서약합니다.

○○○○ 년 ○○ 월 ○○ 일

위 고소인 : ○   ○   ○   (인)

광주시 ○○경찰서장 귀중

별지 : 증거자료 세부 목록

　　　(범죄사실 입증을 위해 제출하려는 증거에 대하여 아래 각 증거별로 해당란을 구체적으로 작성해 주시기 바랍니다)

1. 인적증거

성 명	○ ○ ○	주민등록번호	생략	
주 소	○○시 ○○로 ○길 ○○, ○○○호		직업	상업
전 화	(휴대폰) 010 - 7123 - 0000			
입증하려는 내 용	위 ○○○은 고소인과 같이 피고소인에게 돈을 돌려받기 위해 찾아갔다가 느닷없이 피고소인이 차용증을 빼앗아 찢어버린 것을 목격하여 이를 입증하고자 합니다.			

2. 증거서류

순번	증 거	작성자	제출 유무
1	차용증 스크린샷	고소인	■ 접수시 제출　□ 수사 중 제출
2	진술서	고소인	■ 접수시 제출　□ 수사 중 제출
3			□ 접수시 제출　□ 수사 중 제출
4			□ 접수시 제출　□ 수사 중 제출
5			□ 접수시 제출　□ 수사 중 제출

3. 증거물

순번	증 거	소유자	제출 유무
1	찢어진 차용증사진	고소인	■ 접수시 제출　□ 수사 중 제출
2			□ 접수시 제출　□ 수사 중 제출
3			□ 접수시 제출　□ 수사 중 제출
4			□ 접수시 제출　□ 수사 중 제출
5			□ 접수시 제출　□ 수사 중 제출

4. 기타증거

　　　추후 필요에 따라 제출하겠습니다.

【고소장(13)】 정보통신망 이용촉진 및 정보보호 등에 관한 법률 제70조 명예훼손죄 허위사실
　　　　　　적시 처벌요구 고소장 사례

고　　　소　　　장

고　소　인 : ○　　　○　　　○

피　고　소　인 : ○　　　○　　　○

인천시 부평경찰서장 귀중

고 소 장

1. 고소인

성 명	○ ○ ○	주민등록번호	생략
주 소	인천시 ○○구 ○○로 ○○, ○○○-○○○○호		
직 업	개인사업	사무실 주 소	생략
전 화	(휴대폰) 010 - 1277 - 0000		
대리인에 의한 고 소	☐ 법정대리인 (성명 : , 연락처) ☐ 소송대리인 (성명 : 변호사, 연락처)		

2. 피고소인

성 명	네이버에서 사용하는 이이디 aassy	
주 소	무지	
직 업	무지	사무실 주 소	무지
전 화	(휴대폰) 010 - 1987 - 0000	
기타사항	고소인과의 관계 - 친·인척관계 없습니다.	

3. 고소취지

고소인은 피고소인을 1. 정보통신망 이용촉진 및 정보보호 등에 관한 법률 제70조 벌칙 제2조(명예훼손) 2. 형법 제307조(명예훼손) 제2항 등의 혐의로 고소하오니 철저히 수사하여 법에 준엄함을 깨달을 수 있도록 엄벌에 처하여 주시기 바랍니다.

4. 범죄사실

(1) 적용법조

① 정보통신망 이용촉진 및 정보보호 등에 관한 법률 제70조(명예훼손)
제2항

사람을 비방할 목적으로 정보통신망을 통하여 공공연하게 거짓(허위
사실유포)의 사실을 드러내어 다른 사람의 명예를 훼손한 자는 7년
이하의 징역, 10년 이하의 자격정지 또는 5,000만 원 이하의 벌금에
처한다.

② 형법 제307조 제2항 (명예훼손)

공연히 허위의 사실을 적시하여 사람의 명예를 훼손한 자는 5년 이
하의 징역, 10년 이하의 자격정지 또는 1,000만 원 이하의 벌금에
처한다.

(2) 당사자관계

가, 고소인은 인터넷 포털사이트 네이버의 카페서비스를 이용하여, ○○
○와 그 가족들이 정보를 교류하는 커뮤니티 "○○○○" (이하 영문
으로는 caf.naver.com/○○○라고 합니다.)"의 운영자로서 닉네임
(이하 앞으로는 "○○○" 라고만 줄여 쓰겠습니다.)를 사용하는 사
람입니다.

나, 피고소인은 고소인이 운영하고 있는 위 "○○○" 에 회원으로 등록한
후 ID는 "○○○" 을 사용하는 이름은 ○○○ 이라는 사람입니다.

(3) 허위사실유포

피고소인은 ○○○○. ○○. ○○. 오후 20:35분 "○○○" 인터넷 카페 게시판에 자신의 닉네임(○○○ : ○○○)으로 ○○○(고소인의 닉네임)은 "○○○들의 회망인가?.", "장사꾼인가?" 라는 제목을 포함된 댓글을 올린데 이어 확인되지 않은 각종 허위사실을 악의적인 의도로 반복하여 게시함으로서 고소인의 명예를 심각하게 훼손시킨 사실이 있습니다.

그 악의적인 허위사실유포의 주요골자는 아래와 같습니다.

지난번 회원 강퇴와 관련 본인의 글이 카페에 게시된 후, 본인과 ○○○과의 대립각이 형성되니(카페게시글) 많은 회원께서 저에게 응원의 메시지 및 쪽지를 보내왔습니다.

그중에 몇 몇 분들께서 ○○○카페와, ○○○에 대한 제보가 있었으며, 개중에는 상당히 신뢰할 수 있는 부분이 있고 본인도 전부터 의구심을 가지고 있었던바,

① 카페 수익금에 대한 의혹제기

카페 바자회 수익금과, 기부금과 기부금 등, 적지 않은 수입이 있었음에도 불구하고, 현 집행부는 수입, 지출에 관련하여, 정확하게 회원들에게 공개한바가 없습니다.

② 바자회물품 판매회사와, ○○○이 운영하는 회사와의 관계

○ 카페 바자회물품을 구매하게 되면 코럴브릿지라는 회사에서 물품을 배송합니다. ○○는 카페지기 ○○○의 친구인 차○○라는 분이 운영하는 회사라고 합니다. ○○○에서 ○○○○이라는 건강보조식품

을 판매하는 사이트를 운영하고, 비타민 맥주효모, 유산균등 카페 바자회에서 판매하는 물품을 판매하는 사이트인 것 같습니다.

○ ○○○에서 운영하는 ○○○○이라는 사이트는 카페지기 ○○○(최○중)이 운영하는 ○○○라는 회사에서 ○○○ 및 운영관리를 한다고 ○○○홈페이지에 명시되어 있습니다.

○ 이는 ○○○이 카페 내에서 회원들을 위한 바자회를 하는 것인지 원래 건강보조식품 판매하는 사람인지 의혹을 갖게 됩니다.

③ 주식회사 ○○의 설립배경에 대한 의혹제기

○ 설립 시 출자금 중 대주주인 ○○의 소유 50%(5,000만원) 지분은 아○○○바자회 수익금과 기부금으로 출자한 것으로 추정됩니다.

○ 영리를 목적으로 하는 주식회사에 투자가 되었는지, 왜 비영리 사단법인이 아닌 개인적인 영리가 목적인 주식회사가 설립되었는지 이는 정확하고 확실한 근거 있는 사유가 공개되어야 할 것입니다.

④ ○○○클럽하우스 설립의 의혹제기

이하 생략하겠습니다.

⑤ 카페 내 바자회물품 ○○부분

이하 생략하겠습니다.

(4) 피고소인의 고의

가, 피고소인은 ○○○○. ○○. ○○. 오후 20:35분 "○○○" 인터넷 카페게시판에 자신의 닉네임(○○○ : ○○○)으로 ○○○(고소인의 닉네임)은 "○○○들의 희망인가?.", "장사꾼인가?" 라는 제목으로 고소인을 비방하는 허위사실을 적시하면서 그 첫머리에 "지난번 회원 강퇴와 관련 본인의 글이 카페에 게시된 후, 본인과 ○○○과의 대립각이 형성되니"와 같이 피고소인과 아래의 회원 강퇴된 사람들은 지인들입니다.

나, 피고소인의 지인인 고소 외 ○○○(닉네임 : ○○○○)은 아내의 출산 일주일 전인 ○○○○. ○○. ○○. ○○시내 모처에서 성매매를 하고 성관계 영상을 녹화하여, ○○○○. ○○. ○○. 경기도 ○○시에 소재한 "○○○" 클럽하우스(쉼터라고 소개하겠습니다)에서 회원들에게 그 영상을 보여주는 등 그 품행에 문제가 있는 것으로 판단되어 "○○○ 회칙" 음란한 내용의 문서, 사진 등을 웹페이지에 게시하거나, 다른 통신수단을 이용하여 배포하는 경우 '오프라인 모임에서 이성간의 과다한 신체접촉 음담패설 등으로 상대방과 제3자에게 불쾌감을 주는 경우' 에 해당하여 강제로 퇴출 처리하였습니다.

피고소인의 지인들인 고소 외 ○○○(닉네임 : ○○) 동 ○○○(닉네임 : ○○○) 소위 말하는 '○○' 라는 상세불명의 약초를 달여, 파우치형태의 제품을 허가 없이 제조하여 회원들에게 대가를 받고 제공한 사실이 있었고, 고소 외 ○○○의 나체사진을 찍어 여성회원들에게 문자 전송하였고, 여성회원들에게 잦은 성희롱이 있었는가하면 불필요한 스킨십과 음담패설을 하였고, 여성 ○○○들에게 차마 입에 담지 못할 모욕을 하였고, "○○○"에서 오배송한 택배를 임의로 갈취하는 등 횡령하였고, 공금을 유용하였고, 미망인 카페회원에게 금전을 차용한 후, 정해진 날짜에 갚지 않는 등 문제가 발생되어 "○○○ 회칙"에 의거하여 강제 퇴출하였습니다.

다, 중요한 것은 고소인을 비롯한 "○○○" 카페의 운영위원회에서 피고소인이 각종 허위사실을 악의적인 의도로 반복하여 게시한데대하여 고소인은 ○○○카페의 거래은행의 입출금내역, 각 거래처별 거래명세서 등의 증빙자료를 첨부하여 피고소인에게 보여주면서 허위사실 유포에 대한 책임을 묻겠다고 하자 피고소인은 많은 카페운영위원이 배석한 자리에서 '나의 목적은 진실을 아는 것이 아니라, 고소인을 깎아내리는 것이 목적이었다.' 라는 주장만 보더라도 피고소인은 의도적으로 고소인의 명예를 훼손하려는 고의가 있었음이 명백한 이상 엄벌에 처하여 주시기 바랍니다.

라, 덧붙여 피고소인은 고소인이 위 피고소인의 지인들에 대하여 민원이 끊이지 않아 정당한 절차에 의한 탈퇴를 처리하자 앙심을 품고 의도적으로 고소인을 비방한 것입니다.

5. 고소이유

이미 고소인으로서는 이로 인한 피해 정도가 심각하여 돌이킬 수 없는 지경에 이르렀으므로 피고소인을 1. 정보통신망 이용촉진 및 정보보호 등에 관한 법률 제70조(명예훼손) 제2항 2. 형법 제307조(명예훼손) 제2항 명예훼손죄로 처벌을 하기 위하여 이 사건 고소에 이른 것입니다.

6. 범죄의 성립근거

가, 피해자의 특정

고소인은 ○○○이라는 카페를 운영하는 카페지기로서 닉네임(○○

○)을 사용함으로써 고소인이 어디에서 무엇을 하고 있는 누구인지 알 수 있는 상태였기에 익명성이 보장된 인터넷 공간으로서 피해자인 고소인 본인이 충분히 특정 지어진 상태입니다.

한편, 고소인은 ○○○카페의 운영위원회의 간부들과 피고소인을 만나 ○○○카페의 거래은행의 입출금내역, 각 거래처별 거래명세서 등의 증빙자료를 첨부하여 피고소인에게 보여주면서 허위사실유포에 대한 책임을 묻겠다고 종용한 사실도 있었습니다.

위와 같은 사정을 종합해 볼 때 피고소인의 고소인에 대한 "○○○들의 희망인가?.", "장사꾼인가?"라는 제목을 포함된 댓글을 올린 데 이어 확인되지 않은 각종 허위사실은 하루에도 ○○,○○○여명이 방문하는 ○○○카페회원들이면 누구나 고소인을 비방하는 사실을 쉽게 알아차릴 수 있었기 때문에 피해자가 특정된다고 볼 수 있습니다.

나. 공연성

○○○카페는 현재까지 가입된 회원 수만 해도 무려 ○○,○○○명에 달하고 1일평균 방문하는 회원 수 또한 ○○,○○○명이 넘는 인터넷 커뮤니티로, ○○○들을 위해 정보와 경험을 공유하고, 무료 교육프로그램, 멘토링프로그램을 적극 활용하여 환자를 위로하기 위한 프로그램을 운영하며, 암이라는 갑작스러운 현실을 마주한 절박한 상황의 회원들이 현명한 선택을 할 수 있도록 돕겠다는 취지로 운영되는 곳이기 때문에 ○○○카페회원들 모두가 볼 수 있으므로 공연성 또한 있습니다.

7.증거자료

□ 고소인은 고소인의 진술 외에 제출할 증거가 없습니다.

■ 고소인은 고소인의 진술 외에 제출할 증거가 있습니다.

☞ 제출할 증거의 세부내역은 별지를 작성하여 첨부합니다.

8.관련사건의 수사 및 재판여부

① 중복 고소여부	본 고소장과 같은 내용의 고소장을 다른 검찰청 또는 경찰서에 제출하거나 제출하였던 사실이 있습니다 □ / 없습니다 ■
② 관련 형사사건 수사유무	본 고소장에 기재된 범죄사실과 관련된 사건 또는 공범에 대하여 검찰청이나 경찰서에서 수사 중에 있습니다 □ / 수사 중에 있지 않습니다 ■
③ 관련 민사소송 유무	본 고소장에 기재된 범죄사실과 관련된 사건에 대하여 법원에서 민사소송 중에 있습니다 □ / 민사소송 중에 있지 않습니다 ■

9.기타

본 고소장에 기재한 내용은 고소인이 알고 있는 지식과 경험을 바탕으로 모두 사실대로 작성하였으며, 만일 허위사실을 고소하였을 때에는 형법 제156조 무고죄로 처벌받을 것임을 아울러 서약합니다.

○○○○ 년 ○○ 월 ○○ 일

위 고소인 : ○ ○ ○ (인)

인천시 부평경찰서장 귀중

별지 : 증거자료 세부 목록

　　　　(범죄사실 입증을 위해 제출하려는 증거에 대하여 아래 각 증거별로
　　　해당란을 구체적으로 작성해 주시기 바랍니다)

1. 인적증거

성　명	○○○	주민등록번호	생략	
주　소	생략		직업	회사원
전　화	(휴대폰) 010 - 1234 - 0000			
입증하려는 내　용	위 ○○○은 피고소인의 범행일체에 대하여 소상히 알고 있으므로 이를 입증하고자 합니다.			

2. 증거서류

순번	증　거	작성자	제출 유무	
1	캡처화면	피고소인	■ 접수시 제출	□ 수사 중 제출
2	이메일	고소인	■ 접수시 제출	□ 수사 중 제출
3			□ 접수시 제출	□ 수사 중 제출
4			□ 접수시 제출	□ 수사 중 제출
5			□ 접수시 제출	□ 수사 중 제출

3. 증거물

순번	증　거	소유자	제출 유무	
1	캡처회면	고소인	■ 접수시 제출	□ 수사 중 제출
2			□ 접수시 제출	□ 수사 중 제출
3			□ 접수시 제출	□ 수사 중 제출
4			□ 접수시 제출	□ 수사 중 제출
5			□ 접수시 제출	□ 수사 중 제출

4. 기타증거

　　추후 필요에 따라 제출하겠습니다.

고　　　소　　　장

고　소　인 : ○　　　○　　　○

피　고　소　인 : ○　　　○　　　○

전주　완산경찰서장　귀중

고 소 장

1. 고 소 인

성 명	○ ○ ○	주민등록번호	생략
주 소	전주시 ○○구 ○○로 ○○, ○○○동 ○○○호		
직 업	상업	사무실 주 소	생략
전 화	(휴대전화) 010 - 1987 - 0000		
대리인에 의한 고 소	☐ 법정대리인 (성명 : , 연락처) ☐ 고소대리인 (성명 : 변호사 , 연락처)		

2. 피고소인

성 명	○ ○ ○	주민등록번호	모릅니다.
주 소	전주시 ○○구 ○○로 ○○, ○○○호		
직 업	상업	사무실 주 소	없습니다.
전 화	(휴대전화) 010 - 3210 - 0000		
기타사항	고소인과의 관계 - 친·인척관계 없습니다.		

3. 고소취지

고소인은 피고소인을 형법 제319조 제1항 주거침입죄로 고소하오니 법에 준 엄함을 깨달을 수 있도록 엄벌에 처해 주시기 바랍니다.

4.범죄사실

(1) 피고소인은 ○○○○. ○○. ○○. 17:40경 전라북도 전주시 ○○구 ○ ○로 ○○길 ○○○,의 고소인의 집 앞을 지나다가 그 집 대문이 약 15 ㎝ 쯤 대문이 열려있는 것을 발견하고 그 자리에서 물건을 훔치려는 마음을 먹고 주위를 살피며 위 대문을 역고 그 집 거실까지 들어가 고소인의 주거에 침입하였습니다.

(2) 이에 고소인은 피고소인을 형법 제319조 제1항 주거침입죄로 고소하오니 철저히 수사하여 법에 준엄함을 깨달을 수 있도록 엄벌에 처하여 주시기 바랍니다.

5.증거자료

☐ 고소인은 고소인의 진술 외에 제출할 증거가 없습니다.

■ 고소인은 고소인의 진술 외에 제출할 증거가 있습니다.

  ☞ 제출할 증거의 세부내역은 별지를 작성하여 첨부합니다.

6.관련사건의 수사 및 재판여부

① 중복 고소여부	본 고소장과 같은 내용의 고소장을 다른 검찰청 또는 경찰서에 제출하거나 제출하였던 사실이 있습니다 ☐ / 없습니다 ■
② 관련 형사사건 수사유무	본 고소장에 기재된 범죄사실과 관련된 사건 또는 공범에 대하여 검찰청이나 경찰서에서 수사 중에 있습니다 ☐ / 수사 중에 있지 않습니다 ■
③ 관련 민사소송 유무	본 고소장에 기재된 범죄사실과 관련된 사건에 대하여 법원에서 민사소송 중에 있습니다 ☐ / 민사소송 중에 있지 않습니다 ■

7. 기타

본 고소장에 기재한 내용은 고소인이 알고 있는 지식과 경험을 바탕으로 모두 사실대로 작성하였으며, 만일 허위사실을 고소하였을 때에는 형법 제156조 무고죄로 처벌받을 것임을 아울러 서약합니다.

○○○○ 년 ○○ 월 ○○ 일

위 고소인 : ○   ○   ○   (인)

전주 완산경찰서장 귀중

별지 : 증거자료 세부 목록
　　　　(범죄사실 입증을 위해 제출하려는 증거에 대하여 아래 각 증거별로
　　　　해당란을 구체적으로 작성해 주시기 바랍니다)

1. 인적증거

성　명	○ ○ ○	주민등록번호		생략	
주　소	자택 : 전주시 ○○구 ○○로 ○○, ○○ 직장 : 전주시 ○○구 ○○로 ○○○		직업	회사원	
전　화	(휴대폰) 010 - 1245 - 0000				
입증하려는 내　용	위 ○○○은 고소인의 집에 세들어 사는 사람으로 피고소인이 고소인의 거실로 침입한 사실을 잘 알고 있어 이를 입증하고자 합니다.				

2. 증거서류

순번	증　거	작성자	제출 유무	
1	진술서	고소인	■ 접수시 제출	□ 수사 중 제출
2	진술서	고소인	■ 접수시 제출	□ 수사 중 제출
3			□ 접수시 제출	□ 수사 중 제출
4			□ 접수시 제출	□ 수사 중 제출
5			□ 접수시 제출	□ 수사 중 제출

3. 증거물

순번	증　거	소유자	제출 유무	
1	진술서	고소인	■ 접수시 제출	□ 수사 중 제출
2	확인서	고소인	■ 접수시 제출	□ 수사 중 제출
3			□ 접수시 제출	□ 수사 중 제출
4			□ 접수시 제출	□ 수사 중 제출
5			□ 접수시 제출	□ 수사 중 제출

4. 기타증거

　　추후 필요에 따라 제출하겠습니다.

고　　　소　　　장

고 　소 　인 :　○　　　○　　　○

피 　고 　소 　인 :　○　　　○　　　○

경기도 남양주경찰서장 귀중

고 소 장

1. 고소인

성 명	○ ○ ○	주민등록번호	생략
주 소	남양주시 ○○로 ○길 ○○, ○○○-○○○호		
직 업	주부	사무실 주 소	생략
전 화	(휴대폰) 010 - 6780 - 0000		
대리인에 의한 고 소	□ 법정대리인 (성명 : , 연락처) □ 소송대리인 (성명 : 변호사, 연락처)		

2. 피고소인

성 명	○ ○ ○	주민등록번호	무지
주 소	남양주시 ○○로 ○길 ○○, ○○○호(○○부동산)		
직 업	상업	사무실 주 소	상동
전 화	(휴대폰) 010 - 1277 - 0000		
기타사항	고소인과의 관계 - 친·인척관계 없습니다.		

3. 고소취지

고소인은 피고소인에 관하여 다음과 같이 가정폭력범죄의 처벌 등에 관한 특례법 제2조 제3호, 형법 제260조 제1항 폭행죄로 고소하오니 법에 준엄함을 깨달을 수 있도록 철저히 수사하여 엄벌에 처해 주시기 바랍니다.

4.범죄사실

(1) 피고소인 ○○○은 경기도 남양주시 ○○로 ○○길 ○○○에서 부동산중개사사무소를 운영하고 있는데 고소인 ⊙⊙⊙과는 ○○○○. ○○. ○○. 결혼하여 슬하에 2남 1녀를 두고 있는 부부지간입니다.

(2) 피고소인은 평소 결혼당시부터 부동산중개사무소를 개설하는 데 자금을 대주지 않는다는 이유로 툭하면 시비를 붙고 가정불화가 잦던 중에 경기도 남양주시 ○○로 ○길 ○○○, ○ ○아파트 ○○○동 ○○○○호 고소인의 집에서 ○○○○. ○○. ○○. ○○:○○경 말다툼 끝에 격분하여 주먹으로 고소인의 얼굴을 때리는 등 툭하면 발로 걷어차고 뺨을 때리는 폭행을 하였습니다.

(3) 이에 고소인은 피고소인을 가정폭력범죄의 처벌 등에 관한 특례법 제2조(정의) 제3호(가정폭력범죄), 형법 제260조 제1항(폭행죄)로 고소하오니 철저히 수사하여 법에 준엄함을 깨달을 수 있도록 엄벌에 처하여 주시기 바랍니다.

5.증거자료

　　□ 고소인은 고소인의 진술 외에 제출할 증거가 없습니다.

　　■ 고소인은 고소인의 진술 외에 제출할 증거가 있습니다.

　　　☞ 제출할 증거의 세부내역은 별지를 작성하여 첨부합니다.

6.관련사건의 수사 및 재판여부

① 중복 고소여부	본 고소장과 같은 내용의 고소장을 다른 검찰청 또는 경찰서에 제출하거나 제출하였던 사실이 있습니다 □ / 없습니다 ■
② 관련 형사사건 수사유무	본 고소장에 기재된 범죄사실과 관련된 사건 또는 공범에 대하여 검찰청이나 경찰서에서 수사 중에 있습니다 □ / 수사 중에 있지 않습니다 ■
③ 관련 민사소송 유무	본 고소장에 기재된 범죄사실과 관련된 사건에 대하여 법원에서 민사소송 중에 있습니다 □ / 민사소송 중에 있지 않습니다 ■

7. 기타

본 고소장에 기재한 내용은 고소인이 알고 있는 지식과 경험을 바탕으로 모두 사실대로 작성하였으며, 만일 허위사실을 고소하였을 때에는 형법 제156조 무고죄로 처벌받을 것임을 아울러 서약합니다.

○○○○ 년 ○○ 월 ○○ 일

위 고소인 : ○   ○   ○   (인)

경기도 남양주경찰서장 귀중

별지 : 증거자료 세부 목록

　　　(범죄사실 입증을 위해 제출하려는 증거에 대하여 아래 각 증거별로
　　해당 난을 구체적으로 작성해 주시기 바랍니다)

1. 인적증거

성　명	○　○　○	주민등록번호	생략		
주　소	남양주시 ○○로 ○길 ○○, ○○○호			직업	상업
전　화	(휴대폰) 010 - 7123 - 0000				
입증하려는 내용	위 ○○○은 고소인과 같은 장소에서 피고소인이 주먹으로 얼굴 등을 폭행하는 것을 직접 목격하여 이를 입증하고자 합니다.				

2. 증거서류

순번	증　거	작성자	제출 유무	
1	사진	고소인	■ 접수시 제출	□ 수사 중 제출
2	진단서	고소인	■ 집수시 제출	□ 수사 중 제출
3			□ 접수시 제출	□ 수사 중 제출
4			□ 접수시 제출	□ 수사 중 제출
5			□ 접수시 제출	□ 수사 중 제출

3. 증거물

순번	증　거	소유자	제출 유무	
1	진단서	고소인	■ 접수시 제출	□ 수사 중 제출
2			□ 접수시 제출	□ 수사 중 제출
3			□ 접수시 제출	□ 수사 중 제출
4			□ 접수시 제출	□ 수사 중 제출
5			□ 접수시 제출	□ 수사 중 제출

4. 기타증거

　　　추후 필요에 따라 제출하겠습니다.

【고소장(16)】금융실명거래 및 비밀보장에 관한 법률위반 은행거래계좌를 빼내어 교부 처벌요구 하는 고소장 사례

고　　　소　　　장

고　소　인 : ○　　　○　　　○

피　고　소　인 : ○　　　○　　　○ 외1

경기도 남양주경찰서장 귀중

고　　소　　장

1. 고소인

성　　명	○ ○ ○	주민등록번호	생략
주　　소	남양주시 ○○로 ○길 ○○, ○○○-○○○호		
직　　업	주부	사무실 주　소	생략
전　　화	(휴대폰) 010 - 6780 - 0000		
대리인에 의한 고　　소	□ 법정대리인 (성명 :　　　,　　　　연락처　　　　　) □ 소송대리인 (성명 : 변호사,　　　연락처　　　　　)		

2. 피고소인1

성　　명	○ ○ ○	주민등록번호	무지
주　　소	남양주시 ○○로 ○길 ○○, ○○○호		
직　　업	주부	사무실 주　소	상동
전　　화	(휴대폰) 010 - 1277 - 0000		
기타사항	고소인과의 관계 - 친·인척관계 없습니다.		

피고소인2

성　　명	○ ○ ○	주민등록번호	무지
주　　소	남양주시 ○○로 ○길 ○○, ○○○호		
직　　업	은행원	사무실 주　소	상동
전　　화	(휴대폰) 010 - 2344 - 0000		
기타사항	고소인과의 관계 - 친·인척관계 없습니다.		

3. 고소취지

고소인은 피고소인에 관하여 다음과 같이 금융실명거래 및 비밀보장에 관한 법률위반으로 고소하오니 법에 준엄함을 깨달을 수 있도록 철저히 수사하여 엄벌에 처해 주시기 바랍니다.

4. 범죄사실

(1) 피고소인1 ○○○은 가정주부이고, 피고소인2 ◎◎◎은 강원도 원주시 ○○로 ○○길 ○○, 소재 ○○은행 ○○지점에 대리로 근무하는 은행원입니다.

피고소인1 ○○○은 가까운 지인의 부탁을 받고 ○○○○. ○○. ○○. 남편인 피고소인2 ◎◎◎에게 고소인의 거래은행에 대한 정보를 요구하였습니다.

(2) 이에 피고소인1 ○○○의 남편인 피고소인2 ◎◎◎은 고소인이 거래하는 ○○은행 거래 계좌번호를 알아내어 부인인 피고소인1 ○○○에게 알려 준 사실이 있습니다.

(3) 따라서 고소인은 피고소인들을 금융실명거래 및 비밀보장에 관한 법률위반 혐의로 고소하오니 철저히 수사하여 법에 준엄함을 절실히 깨달을 수 있도록 엄벌에 처하여 주시기 바랍니다.

5. 증거자료

  □ 고소인은 고소인의 진술 외에 제출할 증거가 없습니다.
  ■ 고소인은 고소인의 진술 외에 제출할 증거가 있습니다.
    ☞ 제출할 증거의 세부내역은 별지를 작성하여 첨부합니다.

6.관련사건의 수사 및 재판여부

① 중복 고소여부	본 고소장과 같은 내용의 고소장을 다른 검찰청 또는 경찰서에 제출하거나 제출하였던 사실이 있습니다 □ / 없습니다 ■
② 관련 형사사건 수사유무	본 고소장에 기재된 범죄사실과 관련된 사건 또는 공범에 대하여 검찰청이나 경찰서에서 수사 중에 있습니다 □ / 수사 중에 있지 않습니다 ■
③ 관련 민사소송 유무	본 고소장에 기재된 범죄사실과 관련된 사건에 대하여 법원에서 민사소송 중에 있습니다 □ / 민사소송 중에 있지 않습니다 ■

7.기타

본 고소장에 기재한 내용은 고소인이 알고 있는 지식과 경험을 바탕으로 모두 사실대로 작성하였으며, 만일 허위사실을 고소하였을 때에는 형법 제156조 무고죄로 처벌받을 것임을 아울러 서약합니다.

○○○○ 년 ○○ 월 ○○ 일

위 고소인 : ○   ○   ○   (인)

경기도 남양주경찰서장 귀중

별지 : 증거자료 세부 목록

　　　(범죄사실 입증을 위해 제출하려는 증거에 대하여 아래 각 증거별로
　　해당란을 구체적으로 작성해 주시기 바랍니다)

1. 인적증거

성　명	○ ○ ○	주민등록번호	생략		
주　소	남양주시 ○○로 ○길 ○○, ○○○호			직업	상업
전　화	(휴대폰) 010 - 7123 - 0000				
입증하려는 내　용	위 ○○○은 피고소인2가 고소인의 은행 계좌번호와 거래 내역을 피고소인1에게 교부한 사실에 대하여 직접 목격하 여 이를 입증하고자 합니다.				

2. 증거서류

순번	증　거	작성자	제출 유무
1	사진	고소인	■ 접수시 제출　　□ 수사 중 제출
2	진술서	고소인	■ 접수시 제출　　□ 수사 중 제출
3			□ 접수시 제출　　□ 수사 중 제출
4			□ 접수시 제출　　□ 수사 중 제출
5			□ 접수시 제출　　□ 수사 중 제출

3. 증거물

순번	증　거	소유자	제출 유무
1	진술서	고소인	■ 접수시 제출　　□ 수사 중 제출
2			□ 접수시 제출　　□ 수사 중 제출
3			□ 접수시 제출　　□ 수사 중 제출
4			□ 접수시 제출　　□ 수사 중 제출
5			□ 접수시 제출　　□ 수사 중 제출

4. 기타증거

　　추후 필요에 따라 제출하겠습니다.

고　　　소　　　　장

고　소　인 :　○　　　○　　　○

피　고　소　인 :　○　　　○　　　○

인천시　계양경찰서장　귀중

고 소 장

1. 고 소 인

성 명	○ ○ ○	주민등록번호	생략
주 소	인천시 ○○구 ○○로 ○○, ○○○동 ○○○○호		
직 업	가정주부	사무실 주 소	생략
전 화	(휴대전화) 010 - 2476 - 0000		
대리인에 의한 고 소	☐ 법정대리인 (성명 : , 연락처) ☐ 고소대리인 (성명 : 변호사 , 연락처)		

2. 피고소인

성 명	○ ○ ○	주민등록번호	모릅니다.
주 소	인천시 ○○구 ○○로 ○○, 빌라 ○○○호		
직 업	무직	사무실 주 소	없습니다.
전 화	(휴대전화) 010 - 1248 - 0000		
기타사항	고소인과의 관계 - 친·인척관계 없습니다.		

3. 고소취지

고소인은 피고소인을 형법 제347조 제1항 사기혐의로 고소하오니 법에 준엄함을 깨달을 수 있도록 엄벌에 처해 주시기 바랍니다.

4. 범죄사실

(1) 고소인의 남편 ○○○이 피고소인에게 ○○○○. ○○. ○○. 1,000만 원을 빌려줬습니다. 사업적으로 남편이 피고소인과 연계되어 있기도 하고 남편이 믿고 따르는 형님이기도 해서 다음 달에 적금을 타서 꼭 변제하겠다는 말을 고소인은 철썩 같이 믿고 고소인도 정말 어려운 형편이지만 대출까지 받아 피고소인의 하나은행계좌번호 ○○○-○○○-○○○○○로 3,000만 원을 송금하여 빌려줬습니다.

(2) 그러나 갚겠다고 한 날짜에 원금은커녕 이자도 안 들어오고 이렇다 할 얘기가 없어서 대출받은 은행에 이자도 매달 지급해야 하는 딱한 처지에서 고소인이 직접 피고소인을 찾아가 돈을 갚아 달라고 독촉하자 피고소인은 무조건 ○○○○. ○○. ○○.에 갚겠다는 확답을 듣고 남편을 통해서 차용증도 써주겠다고 했습니다.

(3) 피고소인은 남편을 통해 차용증도 안 써주고 고소인이 차용증을 받으러 찾아가면 피하기가 일쑤고 원금은 고사하고 지금까지 이자 한번 도 준 적이 없다가 이제는 아예 사무실까지 정리해 잠적한 상태에서 고소인과 남편이 피고소인에게 전화하면 다른 사람들과는 전화를 통하면서 받지 않고 매번 피하기만 합니다.

(4) 솔직히 남편 돈 1,000만원 하고 고소인이 송금해준 3,000만 원은 대출을 받아 피고소인에게 준 것이고 대출금을 고소인이 갚아 나가는 형편이라 너무 속상합니다. 하지만 그분은 고소인으로부터 돈을 꿀 당시 신용불량자 상태에서 갚을 능력도 안 되었을 뿐만 아니라 처음부터 고소인에게 돈을 빌리더라도 변제할 의사 없이 돈을 빌려 착복한 것으로서 피고소인 때문에 저희처럼 피해보는 사람이 없으리란 보장도 없고 너무나 괘씸하기도 해서 피고소인을 사기죄로 고소하오니 철저히 수사하시어 엄벌에 처하여 주시기 바랍니다.

5.증거자료

☐ 고소인은 고소인의 진술 외에 제출할 증거가 없습니다.

■ 고소인은 고소인의 진술 외에 제출할 증거가 있습니다.

☞ 제출할 증거의 세부내역은 별지를 작성하여 첨부합니다.

6.관련사건의 수사 및 재판여부

① 중복 고소여부	본 고소장과 같은 내용의 고소장을 다른 검찰청 또는 경찰서에 제출하거나 제출하였던 사실이 있습니다 ☐ / 없습니다 ■
② 관련 형사사건 수사유무	본 고소장에 기재된 범죄사실과 관련된 사건 또는 공범에 대하여 검찰청이나 경찰서에서 수사 중에 있습니다 ☐ / 수사 중에 있지 않습니다 ■
③ 관련 민사소송 유무	본 고소장에 기재된 범죄사실과 관련된 사건에 대하여 법원에서 민사소송 중에 있습니다 ☐ / 민사소송 중에 있지 않습니다 ■

7.기타

본 고소장에 기재한 내용은 고소인이 알고 있는 지식과 경험을 바탕으로 모두 사실대로 작성하였으며, 만일 허위사실을 고소하였을 때에는 형법 제156조 무고죄로 처벌받을 것임을 아울러 서약합니다.

○○○○ 년 ○○ 월 ○○ 일

위 고소인 : ○ ○ ○ (인)

인천시 계양경찰서장 귀중

별지 : 증거자료 세부 목록
　　　(범죄사실 입증을 위해 제출하려는 증거에 대하여 아래 각 증거별로
　　　해당란을 구체적으로 작성해 주시기 바랍니다)

1. 인적증거

성　명	○ ○ ○	주민등록번호	생략		
주　소	자택 : 인천시 ○○구 ○○로 ○○, ○○ 직장 : 인천시 ○○구 ○○로 ○○○		직업	회사원	
전　화	(휴대폰) 010 - 9812 - 0000				
입증하려는 내　용	위 ○○○은 피고소인이 많은 사람들로부터 고소인과 같은 방법으로 돈을 빌리고 갚지 않고 있는 사실을 잘 알고 있어 이를 입증하고자 합니다.				

2. 증거서류

순번	증　거	작성자	제출 유무	
1	온라인 송금영수증	고소인	■ 접수시 제출	□ 수사 중 제출
2	고소인 통장거래내역	고소인	■ 접수시 제출	□ 수사 중 제출
3			□ 접수시 제출	□ 수사 중 제출
4			□ 접수시 제출	□ 수사 중 제출
5			□ 접수시 제출	□ 수사 중 제출

3. 증거물

순번	증　거	소유자	제출 유무	
1	온라인 송금영수증	고소인	■ 접수시 제출	□ 수사 중 제출
2	고소인 통장거래내역	고소인	■ 접수시 제출	□ 수사 중 제출
3			□ 접수시 제출	□ 수사 중 제출
4			□ 접수시 제출	□ 수사 중 제출
5			□ 접수시 제출	□ 수사 중 제출

4. 기타증거

　　추후 필요에 따라 제출하겠습니다.

고   소   장

고 소 인 : ○   ○   ○

피 고 소 인 : ○   ○   ○

강원도 원주경찰서장 귀중

고　　　소　　　장

1. 고소인

성　　명	○ ○ ○	주민등록번호	생략
주　　소	강원도 원주시 ○○로 ○○길 ○○, ○○○호		
직　　업	회사원	사무실 주　소	생략
전　　화	(휴대폰) 010 - 8768 - 0000		
대리인에 의한 고　　소	□ 법정대리인 (성명 :　　　,　　　연락처　　　　　) □ 소송대리인 (성명 : 변호사,　　연락처　　　　　)		

2. 피고소인

성　　명	○ ○ ○	주민등록번호	생략
주　　소	강원도 원주시 ○○로 ○○, ○○○-○○○○호		
직　　업	상업	사무실 주　소	생략
전　　화	(휴대폰) 010 - 8999 - 0000		
기타사항	고소인과의 관계 - 친·인척관계 없습니다.		

3. 고소취지

고소인은 피고소인을 형법 제311조 모욕죄에 근거하여 고소하오니 철저히 조
사하여 법에 따라 처벌하여 주시기 바랍니다.

4.범죄사실

(1) 지금부터 정확히 2년1개월 전에 고소인은 대학 3학년이었고, 피고소인은 남자친구였습니다.

고소인은 아르바이트를 해서 등록금을 내왔는데요.

그때 아르바이트해서 번 돈을 남자친구인 피고소인에게 뜯겨서 등록금이 항상 모자랐습니다.

(2) 그 후 남자친구인 피고소인은 고소인에게 미안하고 딱했는지 100만원을 해주면서 등록금에 보태달라고 준 몇 달 후 헤어지게 되었고, 그 이후 둘다 아무런 연락도 하지 않고 2년1개월이라는 시간이 흘렀습니다.

(3) 그런데 두 달 전부터인가 뜬금없이 피고소인으로부터 돈을 갚으라며 문자와 휴대전화 음성메세지 등이 고소인에게 오기 시작했습니다.

(4) 차마 입에 담을 수도 없는 욕설을 하면서 말입니다.

고소인은 피고소인에게 돈을 빌린 것도 아니고 또 지금 목돈도 없습니다.

그래서 갚을 수가 없다고 했더니 오늘은 청부업자를 샀다고 조만간 저한테 간다는 문자가 왔습니다.

진짜 이제는 신변의 위협을 느낍니다.

피고소인은 고소인이 다니는 회사전화번호까지 어떻게 알아내서 회사로도 전화를 합니다.

(5) 하물며 저한테 돈 받을 놈이라고 하면서 전화 바꾸라고 난동까지 부리고, 문자나 음성을 지금까지는 받으면 그냥 지워버렸는데 그 청부업자문자는 남겨뒀습니다.

(6) 피고소인은 계속해서 고소인에게 문자와 메시지로 미친년, 개 같은 년, 인간쓰레기, 병신 같은 년 이라는 추상적인 단어를 사용하고 차마 입에 담을 수 없는 욕설을 퍼붓고 고소인을 모욕을 하였습니다.

(7) 이러한 피고소인의 행위는 도저히 용서할 수 없는 행동으로서 철저히 수사하여 엄벌에 처하여야 마땅하기에 이 사건 고소에 이른 것입니다.

5. 증거자료

□ 고소인은 고소인의 진술 외에 제출할 증거가 없습니다.

■ 고소인은 고소인의 진술 외에 제출할 증거가 있습니다.

☞ 제출할 증거의 세부내역은 별지를 작성하여 첨부합니다.

6. 관련사건의 수사 및 재판여부

① 중복 고소여부	본 고소장과 같은 내용의 고소장을 다른 검찰청 또는 경찰서에 제출하거나 제출하였던 사실이 있습니다. □ / 없습니다 ■
② 관련 형사사건 수사유무	본 고소장에 기재된 범죄사실과 관련된 사건 또는 공범에 대하여 검찰청이나 경찰서에서 수사 중에 있습니다 □ / 수사 중에 있지 않습니다 ■
③ 관련 민사소송 유무	본 고소장에 기재된 범죄사실과 관련된 사건에 대하여 법원에서 민사소송 중에 있습니다 □ / 민사소송 중에 있지 않습니다 ■

7. 기타

본 고소장에 기재한 내용은 고소인이 알고 있는 지식과 경험을 바탕으로 모두 사실대로 작성하였으며, 만일 허위사실을 고소하였을 때에는 형법 제156조 무고죄로 처벌받을 것임을 아울러 서약합니다.

○○○○ 년 ○○ 월 ○○ 일

위 고소인 : ○   ○   ○   (인)

강원도 원주경찰서장 귀중

별지 : 증거자료 세부 목록

　　　(범죄사실 입증을 위해 제출하려는 증거에 대하여 아래 각 증거별로
　　　해당란을 구체적으로 작성해 주시기 바랍니다)

1. 인적증거

성　명	○ ○ ○	주민등록번호		생략
주　소	강원도 원주시 ○○로 ○○, ○○○-○○○호		직업	회사원
전　화	(휴대폰) 010 - 7656 - 0000			
입증하려는 내　용	위 ○○○은 고소인과 친구지간으로써 피고소인이 고소인에 대하여 모욕한 사실에 대해 직접 목격하였기 때문에 피고소인에 대한 범행을 입증하고자 합니다,			

2. 증거서류

순번	증　거	작성자	제출 유무
1	휴대폰 스크린샷	고소인	■ 접수시 제출　□ 수사 중 제출
2	진술서	고소인	■ 접수시 제출　□ 수사 중 제출
3			□ 접수시 제출　□ 수사 중 제출
4			□ 접수시 제출　□ 수사 중 제출
5			□ 접수시 제출　□ 수사 중 제출

3. 증거물

순번	증　거	소유자	제출 유무
1	진술서	고소인	■ 접수시 제출　□ 수사 중 제출
2			□ 접수시 제출　□ 수사 중 제출
3			□ 접수시 제출　□ 수사 중 제출
4			□ 접수시 제출　□ 수사 중 제출
5			□ 접수시 제출　□ 수사 중 제출

4. 기타증거

　　추후 필요에 따라 제출하겠습니다.

고　　　소　　　장

고　소　인 : ○　　　○　　　○

피　고　소　인 : ○　　　○　　　○

경상북도 안동경찰서장 귀중

고　　소　　장

1. 고소인

성　　명	○ ○ ○	주민등록번호	생략
주　　소	경상북도 안동시 ○○로 ○길 ○○, ○○○-○○○호		
직　　업	회사원	사무실 주　　소	생략
전　　화	(휴대폰) 010 - 6780 - 0000		
대리인에 의한 고　　소	□ 법정대리인 (성명 :　　　　,　　　　연락처　　　　　) □ 소송대리인 (성명 : 변호사,　　　연락처　　　　　)		

2. 피고소인

성　　명	○ ○ ○	주민등록번호	무지
주　　소	경상북도 안동시 ○○로○길 ○○, ○○○호		
직　　업	무지	사무실 주　　소	상동
전　　화	(휴대폰) 010 - 1277 - 0000		
기타사항	고소인과의 관계 - 친·인척관계 없습니다.		

3. 고소취지

고소인은 피고소인에 관하여 다음과 같이 유사수신행우의 규제에 관한 법률 위반죄로 고소하오니 법에 준엄함을 깨달을 수 있도록 철저히 수사하여 엄벌에 처해 주시기 바랍니다.

4.범죄사실

(1) 피고소인은 유사수신행위 금융미라미드 업체인 주식회사 ○○바르게 삽시다의 최상위 판매원인 이사 직급의 판매원인데,

(2) ○○○○. ○○. ○○.부터 ○○○○. ○○. ○○.에 7회에 걸쳐 투자자들에게 첨가제 제조판매사업 투자 금 명목으로 돈을 투자하면 1년에 만에 투자한 원금을 지급하고, 그 외에 고율의 이자를 지급하겠다고 약정하여 고소인으로부터 3회에 걸쳐 금 3억 원을 교부받은 사실이 있습니다.

(3) 이에 고소인은 피고소인을 유사수신행위의 규제에 관한 법률위반죄로 고소하오니 철저히 수사하여 피고소인에게 법에 준엄함을 깨달을 수 있도록 엄히 처벌하여 주시기 바랍니다.

5.증거자료

　□ 고소인은 고소인의 진술 외에 제출할 증거가 없습니다.

　■ 고소인은 고소인의 진술 외에 제출할 증거가 있습니다.

　　☞ 제출할 증거의 세부내역은 별지를 작성하여 첨부합니다.

6.관련사건의 수사 및 재판여부

① 중복 고소여부	본 고소장과 같은 내용의 고소장을 다른 검찰청 또는 경찰서에 제출하거나 제출하였던 사실이 있습니다 □ / 없습니다 ■
② 관련 형사사건 수사유무	본 고소장에 기재된 범죄사실과 관련된 사건 또는 공범에 대하여 검찰청이나 경찰서에서 수사 중에 있습니다 □ / 수사 중에 있지 않습니다 ■
③ 관련 민사소송 유무	본 고소장에 기재된 범죄사실과 관련된 사건에 대하여 법원에서 민사소송 중에 있습니다 □ / 민사소송 중에 있지 않습니다 ■

7. 기타

본 고소장에 기재한 내용은 고소인이 알고 있는 지식과 경험을 바탕으로 모두 사실대로 작성하였으며, 만일 허위사실을 고소하였을 때에는 형법 제156조 무고죄로 처벌받을 것임을 아울러 서약합니다.

○○○○ 년 ○○ 월 ○○ 일

위 고소인 : ○   ○   ○   (인)

경상북도 안동경찰서장 귀중

별지 : 증거자료 세부 목록

　　　(범죄사실 입증을 위해 제출하려는 증거에 대하여 아래 각 증거별로 해당 난을 구체적으로 작성해 주시기 바랍니다)

1. 인적증거

성　명	○ ○ ○	주민등록번호		생략	
주　소	안동시 ○○로 ○길 ○○, ○○○호		직업	상업	
전　화	(휴대폰) 010 - 7123 - 0000				
입증하려는 내　용	위 ○○○은 피고소인이 투자를 권유하여 고소인과 같이 돈을 교부한 사실이 있으므로 이를 이증하고자 합니다.				

2. 증거서류

순번	증　거	작성자	제출 유무
1	약정서	고소인	■ 접수시 제출　　□ 수사 중 제출
2	진술서	고소인	■ 접수시 제출　　□ 수사 중 제출
3			□ 접수시 제출　　□ 수사 중 제출
4			□ 접수시 제출　　□ 수사 중 제출
5			□ 접수시 제출　　□ 수사 중 제출

3. 증거물

순번	증　거	소유자	제출 유무
1	약정서	고소인	■ 접수시 제출　　□ 수사 중 제출
2			□ 접수시 제출　　□ 수사 중 제출
3			□ 접수시 제출　　□ 수사 중 제출
4			□ 접수시 제출　　□ 수사 중 제출
5			□ 접수시 제출　　□ 수사 중 제출

4. 기타증거

　　추후 필요에 따라 제출하겠습니다.

고　　　소　　　장

고　소　인 ： ○　　　○　　　○

피　고　소　인 ： ○　　　○　　　○

광주시 북부경찰서장 귀중

고 소 장

1. 고소인

성 명	○ ○ ○	주민등록번호	생략
주 소	광주시 ○○구 ○○로 ○길 ○○, ○○○-○○○호		
직 업	주부	사무실 주 소	생략
전 화	(휴대폰) 010 - 6780 - 0000		
대리인에 의한 고 소	□ 법정대리인 (성명 : , 연락처) □ 소송대리인 (성명 : 변호사, 연락처)		

2. 피고소인

성 명	○ ○ ○	주민등록번호	생략
주 소	광주시 ○○구 ○○로 ○번길 ○○, ○○○호		
직 업	부동산	사무실 주 소	생략
전 화	(휴대폰) 010 - 1277 - 0000		
기타사항	고소인과의 관계 - 친·인척관계 없습니다.		

3. 고소취지

고소인은 피고소인에 관하여 다음과 같이 형법 제370조 경계침범죄로 고소하오니 법에 준엄함을 깨달을 수 있도록 철저히 수사하여 엄벌에 처해 주시기 바랍니다.

4. 범죄사실

(1) 고소인은 전라남도 ○○시 ○○로 ○○○, 및 같은 ○○-○○○의 토지 ○○○평을 소유하고 있으며, 고소인의 직업은 현재 가정주부이고, 피

고소인의 직업은 알 수 없으며, 피고소인의 대리인 ○○○은 현재 ○○로 소재에서 ○○부동산중개소를 운영하고 있습니다.

(2) ○○○○. ○○. ○○. ○○로 소재 ○○부동산의 ○○○이란 분이 아무런 연락이나 허락도 없이 제가 살고 있는 집으로 찾아와 자기들이 소유하고 있는 땅이 고소인의 땅에 접해 있다면서 땅의 도로를 내야 하니 고소인이 소유하는 위 소유 토지를 자기들 마음대로 정해 자기들의 땅과 일부분을 바꿔줄 것을 요구했습니다.

(3) 고소인은 이에 대해 그럴 의사가 없음을 분명히 밝히고 거절하였음에도 불구하고 아무런 연락이나 동의도 구하지 않은 채 토지 평탄작업을 한 것을 발견하고 수차례에 걸쳐 ○○부동산의 대표라고 자처하는 피고소인의 대리인 이라고 밝힌 ○○○이라는 자에게 원상복구 해줄 것을 요구하였으나 일방적으로 묵살 당했습니다.

(4) 피고소인은 남의 농사를 짓고 있는 토지에 대해 지주의 사전 동의도 없이 무단으로 훼손시키고 경계까지 침범한바, 고소인이 시적공사에 의뢰하여 경계측량을 하고 경계를 침범한 사실을 피고소인과 그의 대리인이라는 ○○○에게 확인시키고 원상복구를 요구한바, 공사를 하고 있다는 연락이 와서 고소인이 현장에 도착해 보니 이미 공사는 완료가 되었고, 아무도 없었으며 고소인이 확인해 본 결과 고소인의 신청으로 대한지적공사에서 토지에 대한 기준점을 표시한 경계목만 빠져있고 이전과 별반 다름없이 공사한 내용마저 의심스러울 정도였습니다.

(5) 이에 현장에서 ○○○을 만나 내용에 대해 항의하고 시정을 요청하자 사과는커녕 오히려 큰소리를 치면서 고소인의 팔을 강하게 잡으면서 협박성 언행을 일삼았습니다.

고소인으로서는 너무나도 황당하고 부당한 생각이 들어 고소장을 제출하오니 피고소인을 철저히 수사하여 엄벌에 처해 주시기 바랍니다.

5. 증거자료

□ 고소인은 고소인의 진술 외에 제출할 증거가 없습니다.

■ 고소인은 고소인의 진술 외에 제출할 증거가 있습니다.

☞ 제출할 증거의 세부내역은 별지를 작성하여 첨부합니다.

6. 관련사건의 수사 및 재판여부

① 중복 고소여부	본 고소장과 같은 내용의 고소장을 다른 검찰청 또는 경찰서에 제출하거나 제출하였던 사실이 있습니다 □ / 없습니다 ■
② 관련 형사사건 수사유무	본 고소장에 기재된 범죄사실과 관련된 사건 또는 공범에 대하여 검찰청이나 경찰서에서 수사 중에 있습니다 □ / 수사 중에 있지 않습니다 ■
③ 관련 민사소송 유무	본 고소장에 기재된 범죄사실과 관련된 사건에 대하여 법원에서 민사소송 중에 있습니다 □ / 민사소송 중에 있지 않습니다 ■

7. 기타

본 고소장에 기재한 내용은 고소인이 알고 있는 지식과 경험을 바탕으로 모두 사실대로 작성하였으며, 만일 허위사실을 고소하였을 때에는 형법 제156조 무고죄로 처벌받을 것임을 아울러 서약합니다.

○○○○ 년 ○○ 월 ○○ 일

위 고소인 : ○   ○   ○   (인)

광주시 북부경찰서장 귀중

별지 : 증거자료 세부 목록

　　　(범죄사실 입증을 위해 제출하려는 증거에 대하여 아래 각 증거별로
　　　해당란을 구체적으로 작성해 주시기 바랍니다)

1. 인적증거

성　명	○　○　○	주민등록번호	생략		
주　소	○○시 ○○로 ○길 ○○, ○○○호			직업	상업
전　화	(휴대폰) 010 - 7123 - 0000				
입증하려는 내　용	위 ○○○은 고소인이 운영하는 부동산사무소의 직원으로서 피고소인이 찾아와 고소인에게 협박한 사실이나 경계표지를 빼내어 다른 곳에 버린 사실에 대해 자세히 알고 있어 이를 입증하고자 합니다.				

2. 증거서류

순번	증　거	작성자	제출 유무	
1	현황도면	고소인	■ 접수시 제출	□ 수사 중 제출
2	경계표지 훼손사진	고소인	■ 접수시 제출	□ 수사 중 제출
3			□ 접수시 제출	□ 수사 중 제출
4			□ 접수시 제출	□ 수사 중 제출
5			□ 접수시 제출	□ 수사 중 제출

3. 증거물

순번	증　거	소유자	제출 유무	
1	현황도면	고소인	■ 접수시 제출	□ 수사 중 제출
2			□ 접수시 제출	□ 수사 중 제출
3			□ 접수시 제출	□ 수사 중 제출
4			□ 접수시 제출	□ 수사 중 제출
5			□ 접수시 제출	□ 수사 중 제출

4. 기타증거

　　　추후 필요에 따라 제출하겠습니다.

제3장
진정서

제3장/ 진정서

진정서는 청원법에 의하여 국가기관이나 지방자치단체와 그 소속 기관, 법령에 의하여 행정권한을 가지고 있거나 행정권한을 위임 또는 위탁받은 법인이나 단체 또는 그 기관이나 개인에 대하여 진정인에게 유리한 조치를 취해줄 것을 희망하는 청원을 할 수 있는데 이를 진정 서라고 합니다.

청원서와 진정서은 구별되지 않습니다.

그러나 진정서는 넓은 의미에서 청원에 포함되지만 법적으로는 청원서와 진정서는 구별됩니다.

진정서는 헌법 기본권으로 국민이 국가 또는 공공단체나 기관에 대하여 문서로 진정할 수 있는 당연한 권리이며, 국가는 진정에 의한 진정사항을 심사하고 처리할 의무와 그에 대한 처리결과를 반드시 진정인에게 통지할 의무를 부담하고 있습니다.

단순한 개인 사정이나 애로사항에 대한 진정서는 청원법에 적용을 받지 못하고 민원 신고사항으로 처리하고 있습니다.

진정서는 청원법에 의하여 아래와 같이 제한됩니다.

1. 피해의 구제,
2. 공무원의 비위의 시정 또는 공무원에 대한 징계나 처벌의 요구,
3. 법률·명령·규칙의 제정·개정 또는 폐지,
4. 공공의 제도 또는 시설의 운영,
5. 기타 공공기관의 권한에 속하는 사항에 관하여 청원할 수 있게 진정사항을 제한하고 있습니다.

진정사항 또한 마찬가지입니다.

위와 같은 청원사항이 아닌 사항에 대해서는 단순한 진정에 불과하여 청원서라고 기재하였다고 하더라도 그에 대한 내용이 청원사항이 아니면 하나의 진정서로 취급 하여 처리됩니다.

청원은 절차적 요건을 갖추어야 하지만 단순한 진정서는 절차적 요건이 필요하지 않습니다.

진정은 아래와 같이 제한됩니다.

모든 국민은 청원법에 의하여 국가작용의 위법이나 부당에 대하여 또는 권익침해의 발생 여부와 행해진 시점과 관계없이 진정을 할 수 있습니다.

그러나 감사가 진행 중이거나 수사 또는 재판이나 행정심판 또는 조정이나 중재 등 다른 법령에 의한 조사 또는 불복이나 구제절차가 진행 중인 때에는 진정을 할 수 없습니다.

진정은 재판이나 수사에 관여할 수 없다는 취지입니다.

또한 허위사실을 신고하여 타인으로 하여금 형사처분 또는 징계처분을 받게 하거나 국가기관 등을 중상 모략하는 사항도 진정할 수 없습니다.

이러한 경우 무고죄나 모욕죄에 해당한다는 뜻입니다.
또한 사인간의 권리관계 또는 개인의 사생활에 관한 사항인 때에도 진정을 할 수 없습니다.

이는 법적으로 권리구제를 받아야 한다는 뜻 입니다.

따라서 가명이나 허무인 또는 다른 사람의 이름을 도용하여 우편송달로 진정서를 제출하거나 불명확한 진정내용도 진정할 수 없습니다.

제1절

진정서 의의 -

청원법에 의하여 국가기관이나 지방자치단체와 그 소속기관, 법령에 의하여 행정권한을 가지고 있거나 행정권한을 위임 또는 위탁받은 법인이나 단체 또는 그 기관이나 개인에 대하여 진정인에게 유리한 조치를 취해줄 것을 희망하는 청원을 할 수 있는데 이를 '진정서' 라고 합니다.

청원서와 진정서는 구별되지 않습니다.

그러나 진정서는 넓은 의미에서 청원에 포함되지만 법적으로는 청원서와 진정서는 구별됩니다.

진정서는 정확한 범죄 혐의 입증할 증거자료 등이 확보되지 아니하거나 인터넷상에서 흔히 일어나는 사기죄에 대하여 상대방이 누군지도 모르고 수사를 해야지만 범인이 누구인지 알 수 있는 경우 이때 '진정서' 를 제출하고 수사단계에서 범행이 밝혀질 경우 진정서를 고소장으로 전환하여 진술하면 됩니다.

가, 진정서와 청원서의 차이

진정서는 헌법 기본권으로 국민이 국가 또는 공공단체나 기관에 대하여 문서로 진정할 수 있는 당연한 권리이며, 국가는 진정에 의한 진정사항을 심사하고 처리할 의무와 그에 대한 처리결과를 진정인에게 통지할 의무를 부담하고 있습니다.

개인 사정이나 애로사항에 대한 진정서는 청원법에 적용을 받지 못하고 민원 신고사항으로 처리하고 있습니다.

진정서는 청원법에 의하여 아래와 같이 제한됩니다.

1) 피해의 구제 2) 공무원의 비위의 시정 또는 공무원에 대한 징계나 처벌의 요구 3) 법률·명령·규칙의 제정·개정 또는 폐지, 4) 공공의 제도 또는 시설의 운영, 5) 기타 공공기관의 권한에 속하는 사항에 관하여 청원할 수 있게 진정사항을 제한하고 있습니다.

진정사항 또한 마찬가지입니다.

위와 같은 청원사항이 아닌 사항에 대해서는 단순한 진정에 불과하여 청원서라고 기재하였다고 하더라도 그에 대한 내용이 청원사항이 아니면 하나의 진정서로 취급 하여 처리됩니다.

청원은 절차적 요건을 갖추어야 하지만 단순한 진정서는 절차적 요건이 필요하지 않습니다.

나, 진정의 제한

모든 국민은 청원법에 의하여 국가작용의 위법이나 부당에 대하여 또는 권익침해의 발생 여부와 행해진 시점과 관계없이 진정을 할 수 있습니다.

그러나 감사가 진행 중이거나 수사 또는 재판이나 행정심판 또는 조정이나 중재 등 다른 법령에 의한 조사 또는 불복이나 구제절차가 진행 중인 때에는 진정을 할 수 없습니다. 진정은 재판이나 수사에 관여할 수 없다는 취지입니다.

또한 허위사실을 신고하여 타인으로 하여금 형사처분 또는 징계처분을 받게하거나 국가기관 등을 중상 모략하는 사항도 진정할 수 없습니다. 이러한 경우 무고죄나 모욕죄에 해당한다는 뜻입니다.

사인간의 권리관계 또는 개인의 사생활에 관한 사항인 때에도 진정을 할 수 없습니다. 이는 법적으로 권리구제를 받아야 한다는 뜻 입니다.

　　가명이나 허무인 또는 다른 사람의 이름을 도용하여 우편송달로 진정서를 제출하거나 불명확한 진정내용도 진정할 수 없습니다.

　　그래서 진정서는 논리적으로 잘 써야하는 것입니다.

제2절

진정서 작성 요령 —

　진정서는 일정한 양식과 서식으로 정해진 것은 없으며, 표지에는 큰 글자로 진정서라고 기재하고, 그 아래로 진정인의 인적사항과 긴급하게 진정사항에 대하여 문의할 수 있도록 휴대전화를 기재합니다.

　그리고 피진정인의 인적사항은 알고 있는 대로 기재하고 인적사항을 잘 알지 못하는 경우 해당기관에서 피진정인의 인적사항에 대하여 추적가능 한 기본정보만 기재하여도 무방합니다.

　아래로 진정의 취지라고 기재하고 진정인이 당해 진정으로 인하여 원하는 것이 무엇인지 어떤 애로사항을 해결해 달라는 요점만 정리하면 됩니다.

　수사와 관련한 신정서의 경우에는 피진징인의 처벌을 희망하는 뜻을 기재하면 후일 검사가 진정사건에 대하여 수사한 결과 혐의 없음 불기소처분을 하면 고등검찰청으로 항고를 제기할 수 있습니다.

　무고죄의 책임도 뒤 따르겠지만 피진정인을 처벌해 달라는 뜻을 담지 않았다면 항고는 할 수 없고 무고죄로 처벌은 받지 않을 수도 있습니다.

　그 아래로 진정의 요지 또는 진정의 원인이라고 기재하고, 그 다음으로 피해 입은 내용이 무엇인지 어떤 억울한 일을 해결해 줄 것을 희망하는지 진정을 처리하는 담당자가 피해 입은 내용과 진정인이 어떤 문제를 해결해 달라는 것인지를 알 수 있을 정도로 구체적으로 명확하게 특정하여야 합니다.

　진정서는 처리하는 담당자가 무슨 내용이고 어떤 사안인지 쉽게 이해할 수 있을 정도로 논리적으로 기재하여야 합니다.

그리고 진정서를 제출하게 된 이유는 진정의 이유라고 기재하고, 진정서의 제출하게 된 원인을 비롯하여 사실관계 등을 빠짐없이 기재하고 진정내용을 뒷받침할 증거자료가 준비된 경우 이를 첨부하면 됩니다.

가, 중요 참고사항

진정서 작성 시 증거자료와 정확한 근거자료가 수집되지 아니한 상황에서진정서를 제출할 때 예컨대 증거자료가 부족할 경우 무고죄를 고려하여 이러한 혐의가 있으니 철저히 수사해 달라고 진정서를 제출했다가 어느 정도 조사과정에서 범죄 등의 혐의가 밝혀진 때에 그 진정서를 고소장으로 바꿔 진술하면 됩니다.

무고죄를 고려하여 상황을 잘 판단하라는 것입니다.

나, 진정내용의 구성

진정서는 사실 있는 그대로 신고해야 합니다.

간단명료하게 진정인이 처한 현재의 사실에 대하여 분명하고도 명확하게 의사전달을 하면 됩니다.

피해 입은 내용은 먼저 경위를 간단하게 밝히고 그로 인한 피해사실을 구체적으로 기재함으로써 진정사건의 처리하는 담당자가 무슨 해결을 원하는 것인지를 알 수 있도록 기재하여야 합니다.

무엇보다도 진정서는 진정을 처리하는 담당자가 무슨 내용인지 무슨 피해인지 무엇을 원하는지를 충분히 이해할 수 있도록 작성해야 합니다.

진정서를 작성할 때는 우선 주장은 간략하게 기재하고 원인은 요약을 정리해야 하며 피해사실은 구체적으로 기재하는 것이 좋은 방법입니다.

　　주장을 과장하거나 부풀리면 오해사기 쉽고 원인을 길고 복잡하게 작성하면 신뢰성이 떨어지며, 피해사실을 너무나 짧은 문장으로 기재하면 진정서를 처리하는 담당자의 판단을 흐리게 할 수 있기 때문입니다.

제3절

진정서 구체적인 작성방법 -

진정서의 1페이지에는 진정사건의 접수를 위하여 상당한 공간이 필요하기 때문에 상단 중간으로 큰 글자로 '진정서'라고 표시하고, 그 아래 중앙부분 왼쪽에서 진정인과 피진정인이 누구라는 것을 기재하고 하단 중앙 부분으로 진정서를 제출하는 해당기관의 명칭을 기재하고 귀중이라고 기재하면 됩니다.

특이사항이 있는 경우 예를 들어 진정서 여백의 적당한 곳으로 피진정인의 사촌이 ○○구청장이라거나 ○○경찰서장 또는 어느 검찰청에 검사이거나 경찰간부로 근무하고 있어 해당부서에서 편파적으로 처리될 소지가 다분히 있으므로 고려해 달라는 취지로 기재하면 됩니다.

가, 진정인과 피진정인의 인적사항기재

진정서 2페이지에는 진정인과 피진정인의 인적사항을 기재하여야 하는 데 진정인이 여러 명일 경우 진정인1, 진정인2, 진정인3으로 피진정인이 역시 여러 명일 경우 피진정인1, 피진정인2, 피진정인3으로 각 기재하면 됩니다.

따라서 진정인이 많은 경우 별첨 진정인 명단 기재와 같이 진정인1 누구 외 몇 명이라고 기재하고 진정인 명단을 첨부합니다.

진정인이나 피진정인에 대한 즉시 연락이 가능한 휴대전화를 기재하는 것이 관례입니다.

법인이 피해를 입은 사건에 대하여는 법인이 진정인이 될 수 있습니다. 법인이 진정하는 경우 주식회사의 명칭을 기재하고 주소를 기재하고 대표이사 누구누구라고 기재하여 법인이 진정함을 명백히 표시하여야 합니다.

피진정인의 인적사항은 몰라도 진정할 수 있으므로 이러한 경우 일체 미상으로 기재하거나 40대 후반 또는 30대 가량의 키 175센티미터 가량으로 기재하거나 오른 쪽 팔에 무슨 문신이나 흉터가 있는 남자 여자 등으로 기재할 수 있습니다.

피진정인에 대해서는 기초적인 기본정보만 기재하면 해당기관에서 추적할 수 있으므로 나머지는 해당기관에서 피진정인을 찾아내 진정을 처리할 몫입니다.

범죄는 사람이 자행하는 것이고 사람으로 의제되는 법인은 범죄를 자행할 수 없습니다.

그러므로 주식회사 등 법인은 피진정인이 될 수 없습니다.

나, 진정의 취지

진정서에는 진정의 취지를 기재하여야 하는데 이 진정사건을 수사하면 이러한 범죄 혐의를 인정할 수 있다고 주장하는 범죄 사실을 기재하는 것이 원칙입니다.

범죄 사실은 어떤 사건은 한 가지 범죄 사실만 인정될 가능성이 있는 것이 아니라 이 범죄가 인정 안 되면 저 범죄는 인정된다고 말할 수 있는 것이 있으며, 진정인이 피진정인의 행위에 대하여 알고 있는 부분만 기재하고 어떤 처리나 도움을 달라고 기재하면 됩니다.

그러므로 어떤 도움이나 선처를 호소하거나 정확한 증거자료가 부족한 경우에 진정서를 제출하는 것이므로 알고 있는 사실 그대로 기재하고 어떤 혐의가 있으므로 수사하여 죄가 인정되면 처벌해 달라고 기재하거나 어떤 것을 어떻게 해 달라고 기재하면 됩니다.

다. 인과관계

진정인과 피진정인의 친척관계는 진정에 있어 매우 중요하므로 반드시 진정서에 기재하여야 합니다.

진정인과 피진정인 간에 친인척 관계가 있으면 친족상도 례가 적용될 수 있는 사건의 경우에는 빠뜨리지 말고 기재하여야 합니다.

진정서에는 피진정인과 아무런 관계가 아니라면 친인척 관계없습니다. 라고 기재하면 됩니다.

라. 진정의 사실

진정서에는 진정인과 피진정인 간에 발생되었던 사실관계를 자세히 잘 기재하고, 이렇게 기재된 사실관계의 사실들이 어떤 이유에서 무엇이 사실임을 인정할 수 있는가를 설명하여야 합니다.

그러므로 진정서에는 90%이상이 사실적인 말과 10%가 평가적인 말들로 기재되어야 한다고 말할 수 있을 정도로 주로 육하원칙에 맞는 사실관계들로 기재되어야 합니다.

진정서에 진정사실은 진정인과 피진정인 간의 과거지사를 기술하듯이 기재하는 것입니다.

발생한 일자는 빠른 것부터 순차적으로 기재하고 해당기관에서 진정사실을 제대로 파악할 수 있도록 순서대로 나열해 주고 이해를 돕기 위해 부연설명을 하여야 합니다.

제4절 진정서 실전 사례

【진정서(1)】 112신고 시 응대경찰관이 불친절하여 조사하여 적의 조치를 해 달라는 진정서

진   정   서

진 정 인 : ○   ○   ○

피 진 정 인 : ○   ○   ○

국민권익위원회 귀중

진 정 서

1. 진 정 인

성 명	○ ○ ○	주민등록번호	생략
주 소	경기도 성남시 분당구 ○○로 ○○, ○○○호		
직 업	회사원 / 사무실 주 소	생략	
전 화	(휴대폰) 010 - 1237 - 0000		
대리인에 의한 진 정	□ 법정대리인 (성명 : , 연락처) □ 진정대리인 (성명 : 변호사, 연락처)		

2. 피 진 정 인

성 명	○ ○ ○	주민등록번호	생략
주 소	경기도 성남시 분당구 정자일로 165		
소 속	경기 ○○경찰서		
전 화	○○○ - ○○○ - ○○○○		
기타사항	교통사고 조사계에 근무하고 있습니다.		

3. 진정취지

진정인은 경기도 성남시 분당구 ○○로에 거주하는데 ○○○○. ○○. ○○. ○○:○○경 피진정인 ○○○에게 길을 잃고 헤매고 있다며 '귀가할 수 있도록 길을 알려 달라.'고 요청하자 피진정인은 사익보다 공익이 우선이라며 부적절하고 불친절한 응대를 하였습니다.

이후 다른 경찰관의 도움을 받아 귀가한 후 피진정인과 통화하면서 직위, 성명(이하 '인적사항'이라 한다)을 알려 달라고 하자 피진정인은 민원제기를 위해서는 인적사항을 알려줄 수 없으며 경찰서장에게 민원을 제기하라고 하였습니다.

피진정인은 직무를 수행하면서 인적사항을 알려주지 않는 업무행태와 불성실한 민원응대에 대해 조사해 적절한 조치를 취하여 주시기 바랍니다.

4. 진정원인

(1) 국가공무원법

　　가. 「국가공무원법」 제56조는 "모든 공무원은 법령을 준수하며 성실히 직무를 수행하여야 한다."라고 규정하고 있고,

　　나. 「경찰공무원 복무규정」 제4조(예절) 제1항은 "경찰공무원은 고운 말을 사용하도록 노력하여야 하며 국민에게 겸손하고 친절하여야 한다."라고 규정하고 있습니다.

(2) 민원응대 불성실

　　가. 민원응대를 담당한 피진정인이 인적사항(직위, 성명)을 알려주지 않는 등 불성실하게 민원응대를 하였습니다.

　　나. 신정인은 농민들이 갑자기 몰려들이 집회를 하느라 길이 마혀 정신을 잃은 상태에서 112신고하여 길을 안내받기 위해 전화하자 민원응대경찰관인 피진정인이 진정인에게 불친절하게 응대하고 인적사항을 묻자 자신의 직위와 성명을 밝히는 것은 공무원의 당연한 의무이나 이를 위반하였습니다.

(3) 결론

설령 민원응대경찰관인 피진정인이 자신의 직위, 성명을 알려주지 않는
이유로 주장하는 '경찰관에 대한 민원제기는 직무와 관련이 없다.'는
주장은 타당한 이유가 될 수 없습니다.

따라서 피진정인은 진정인에게 '경찰서장에게 민원을 제기하면 알 수
있다.'고 한 것 역시 적절한 직무수행이 아니므로 피진정인을 조사하
여 적의 조치를 취하여 주시기 바랍니다.

5. 증거자료

□ 진정인은 진정인의 진술 외에 제출할 증거가 없습니다.
■ 진정인은 진정인의 진술 외에 제출할 증거가 있습니다.
　☞ 제출할 증거의 세부내역은 별지를 작성하여 첨부합니다.

6. 관련사건의 수사 및 재판 여부

① 중복 신고여부	본 진정서와 같은 내용의 진정서 또는 고소장을 다른 검찰청 또는 경찰서에 제출하거나 제출하였던 사실이 있습니다 □ / 없습니다 ■
② 관련 형사사건 수사 유무	본 진정서에 기재된 범죄사실과 관련된 사건 또는 공범에 대하여 검찰청이나 경찰서에서 수사 중에 있습니다 □ / 수사 중에 있지 않습니다 ■
③ 관련 민사소송 유무	본 진정서에 기재된 범죄사실과 관련된 사건에 대하여 법원에서 민사소송 중에 있습니다 □ / 민사소송 중에 있지 않습니다 ■

7. 기타

본 진정서에 기재한 내용은 진정인이 알고 있는 지식과 경험을 바탕으로 모두 사실대로 작성하였습니다.

○○○○ 년 ○○ 월 ○○ 일

위 진정인 : ○ ○ ○   (인)

국민권익위원회 귀중

별지 : 증거자료 세부 목록

      (범죄사실 입증을 위해 제출하려는 증거에 대하여 아래 각 증거별로 해당란
을 구체적으로 작성해 주시기 바랍니다)

1.인적증거 (목격자, 기타 참고인 등)

성 명		주민등록번호			
주 소	자택 : 직장 :			직업	
전 화	(휴대폰)				
입증하려는 내 용					

2.증거서류(진술서, 차용증, 각서, 진단서 등)

순번	증 거	작성자	제출 유무
1	112신고내역	진정인	■ 접수시 제출 □ 수사 중 제출
2			□ 접수시 제출 □ 수사 중 제출
3			□ 접수시 제출 □ 수사 중 제출
4			□ 접수시 제출 □ 수사 중 제출
5			□ 접수시 제출 □ 수사 중 제출

3.증거물

순번	증 거	작성자	제출 유무
1	신고내역	진정인	■ 접수시 제출 □ 수사 중 제출
2			□ 접수시 제출 □ 수사 중 제출
3			□ 접수시 제출 □ 수사 중 제출
4			□ 접수시 제출 □ 수사 중 제출
5			□ 접수시 제출 □ 수사 중 제출

4.기타 증거

필요에 따라 수시 제출하겠습니다.

진　　　정　　　서

진　정　인 : ○　　　○　　　○

피　진　정　인 : ○　　　○　　　○

전주지방검찰청　정읍지청　귀중

진 정 서

1. 진정인

성 명	○ ○ ○	주민등록번호	생략
주 소	전라북도 정읍시 ○○로 ○○, ○○○동 ○○○○호		
직 업	상업 / 사무실 주 소	생략	
전 화	(휴대전화) 010 - 5678 - 0000		
대리에 의한 진 정	☐ 법정대리인 (성명 : , 연락처) ☐ 진정대리인 (성명 : 변호사 , 연락처)		

2. 피진정인

성 명	○ ○ ○	주민등록번호	생략
주 소	전라북도 정읍시 ○○로 ○○○, ○○○호		
직 업	무지 / 사무실 주 소	알지 못합니다.	
전 화	(휴대전화) 010 - 2122 - 0000		
기타사항	진정인과의 관계 - 친 · 인척관계 없습니다.		

3. 진정요지

진정인은 전주지방검찰청 정읍지청 ○○○○형제○○○○호 사건에 대하여 피진정인을 사기 등의 혐의로 ○○○○. ○○. ○○. 정읍경찰서에 고소를 제기한 바, 정읍경찰서에서 진정인에게 ○○○○. ○○. ○○. 발송한 사건 처리결과통지서에 의하면 피진정인이 사기를 하였다고 보기 어려워 불기소 의견으로 송치하였다는 내용인바, 이는 ○○혐의는 전연 수사를 하지 않고 부당하게 판단한 것으로서 사법경찰관리의 조사에 상당한 불만이 있으므로 전주지방검찰청 정읍지청에서 철저히 재조사 해줄 것을 진정합니다.

4. 진정내용

(1) 진정인은 상기 사건의 고소를 ○○○○. ○○. ○○. 정읍경찰서에 접수하였으며 조사하는 과정에서 사법경찰관리 경사 ○○○은 진정인 이제기하여 소송중에 있는 민사재판에 불리하니 고소를 취하할 것을 수차례 종용하였고, 하물며 자신의 동생이 근무하고 있다는 법률사무소에 찾아가 보라는 등 다른 방법으로 사건을 해결하라고 권유하는 등 비정상적인 편파수사를 받은 바 있습니다.

(2) 그 후 경사 ○○○은 민사재판에 불리하다며 재차 고소취하를 권유하면서 시간이 흘렀고 진정인으로서는 부득이 해외로 출장을 가야하는 사정으로 시간이 어느 정도 지난 후인 ○○○○. ○○. ○○. 경사 ○○○을 방문하여 고소를 취하할 의사가 전혀 없음을 분명히 통보하면서 피고소인에 대한 범죄혐의 인정할 만한 증거자료를 제출하였습니다.

(3) 그 후 경사 ○○○은 진정인에게 위 증거자료에 대하여 대질신문하면 금방 끝나고 자신은 혐의 없다고 처분하여 정읍지청에 송치하면 그만이다, 그러면 정읍지청도 혐의 없음으로 처분할 것이다. 그러면 진정인이 민사소송에서 불리하게 될 것인데 원망하지 마라며 대질신문을 하겠다고 하였습니다.

(4) ○○○○. ○○. ○○. 10:40경 경사 ○○○은 진정인의 휴대폰으로 문자메시지를 발송하면서 피진정인에게 출두요구서를 보냈고, 일정이 잡히면 연락을 하겠다는 내용이었습니다.

그러나 ○○○○. ○○. ○○. 경사 ○○○은 피진정인이 보낸 출두요구서를 갖고 출두했으니 진정인에게 대질신문을 받으라는 기가 막힌 소식을 전했고, 이에 진정인은 어제 보낸 출두요구서를 갖고 피진정인이 오늘 출두한다는 것에 도대체 이해가 되지 않아 출두할 시간이 되지 못하니 다음에 출두하겠다고 했습니다.

(5) 진정인은 사법경찰관리 등이 정상적인 수사를 하고 있다고 판단이 되지 않아 전북지방경찰청에 민원을 제기하자 전북지방경찰청 청문감사관으로부터 수사관이 교체되었으니 조사를 잘 받으라고 답변을 받았습니다.

(6) 그러나 바뀐 수사관에게 진정인이 증거서류를 제출하고 참고인조사를 희망한다고 하였으나 교체된 담당 조사관 역시 거부하는 태도를 보이는 등 공정한 수사를 하고 있다고 판단되지 않았기 때문에 국민권익위원회를 통해 다시 민원을 제기하였고, 국민권익위원회는 이를 경찰청에 재차 시정하여 경찰청은 진정사건으로 분류하여 같은 정읍경찰서 사법경찰관리 경사 ○○○에게 다시 재차 배당하였습니다.

(7) 그 후 재배당된 수사관으로부터 연락을 받지 못하게 되어 진정인이 담당 수사관에게 사건의 진행과정을 확인하기도 전에 이 사건은 피진정인이 진정인에게 사기를 하였다는 증거가 불충분하여 불기소의견으로 정읍지청에 송치하였다는 사건처리결과 통지서를 받았습니다.

(8) 담당 수사관이 공언한 바와 같이 사기 사건에 대해서만 조사를 하였고, 피진정인에 대한 다른 여죄를 전혀 묻지 않고 조사도 하지 않은 채 부당하게 사건을 마무리하여 정읍지청으로 부랴부랴 송치한 잘못이 있어 진정인은 경찰관의 사건처리에 상당한 불만을 가지고 있습니다.

(9) 따라서 진정인은 추가증거자료와 피진정인에 대한 여죄를 법률에 근거하여 담당 수사기관에 제출 하였음에도 불구하고 담당 사법경찰관리 경사 ○○○은 사기사건 부분에 대한 조사결과만을 인용하여 혐의가 없다는 의견으로 정읍지청에 송치한 것은 공정하고 정당한 법집행이라고 판

단할 수 없고 사법경찰관리의 처분에 대한 불만이 있으므로 다시 전주
지방검찰청 정읍지청에서 피진정인의 여죄에 대하여 사법경찰관리가 증
거자료를 배척하는 등 수사 자체를 전혀 하지 않았으므로 철저히 재수
사하여 피진정인을 엄벌에 처하여 주실 것을 바라면서 이 사건 진정에
이른 것입니다.

5.증거자료

□ 진정인은 진정인의 진술 외에 제출할 증거가 없습니다.

■ 진정인은 진정인의 진술 외에 제출할 증거가 있습니다.

☞ 제출할 증거의 세부내역은 별지를 작성하여 첨부합니다.

6.관련사건의 수사 및 재판여부

① 중복 신고여부	본 진정인과 같은 내용의 진정서 또는 고소장을 다른 검찰청 또는 경찰서에 제출하거나 제출하였던 사실이 있습니다 □ / 없습니다 ■
② 관련형사사건 수사유무	본 진정서에 기재된 범죄사실과 관련된 사건 또는 공범에 대하여 검찰청이나 경찰서에서 수사 중에 있습니다 ■ / 수사 중에 있지 않습니다 □
③ 관련 민사소송 유무	본 진정서에 기재된 범죄사실과 관련된 사건에 대하여 법원에서 민사소송 중에 있습니다 □ / 민사소송 중에 있지 않습니다 ■

7.기타사항

본 진정서에 기재한 내용은 진정인이 알고 있는 지식과 경험을 바탕
으로 모두 사실대로 작성하였습니다.

○○○○ 년 ○○ 월 ○○ 일

위 진정인 : ○ ○ ○   (인)

전주지방검찰청 정읍지청 귀중

별지 : 증거자료 세부 목록

　　　(범죄사실 입증을 위해 제출하려는 증거에 대하여 아래 각 증거별로 해당란을 구체적으로 작성해 주시기 바랍니다)

1. 인적증거(목격자, 기타 참고인 등)

성　　명		주민등록번호	
주　　소	자택 : 직장 :	직업	
전　　화	(휴대폰)		
입증하려는 내　용			

2. 증거서류 (진술서, 차용증, 각서, 금융거래내역서, 진단서 등)

순번	증　거	작성자	제출 유무
1	처분결과 통지서	조사관	■ 접수시 제출　　□ 수사 중 제출
2			□ 접수시 제출　　□ 수사 중 제출
3			□ 접수시 제출　　□ 수사 중 제출
4			□ 접수시 제출　　□ 수사 중 제출
5			□ 접수시 제출　　□ 수사 중 제출

3. 증거물

순번	증　거	소유자	제출 유무
1	처분결과 통지서	진정인	■ 접수시 제출　　□ 수사 중 제출
2			□ 접수시 제출　　□ 수사 중 제출
3			□ 접수시 제출　　□ 수사 중 제출
4			□ 접수시 제출　　□ 수사 중 제출
5			□ 접수시 제출　　□ 수사 중 제출

4. 기타 증거

　　필요에 따라 수시 제출하겠습니다.

【진정서(3)】 경찰관이 폭행만 입건하고 노상방뇨는 처벌하지 않아 다시 조사하여 처벌해 달
　　　　　　라는 진정서

진　　　정　　　서

진 정 인 :　○　　　○　　　○

피 진 정 인 :　○　　　○　　　○

국민권익위원회　귀중

진 정 서

1. 진 정 인

성 명	○ ○ ○	주민등록번호	생략
주 소	대전시 ○○구 ○○로 ○○, ○○○-○○○○호		
직 업	상업	사무실 주 소	생략
전 화	(휴대폰) 010 - 8234 - 0000		
대리인에 의한 진 정	☐ 법정대리인 (성명 : , 연락처) ☐ 진정대리인 (성명 : 변호사, 연락처)		

2. 피진정인

성 명	○ ○ ○	주민등록번호	생략
주 소	대전시 서구 한밭대로 733		
소 속	대전 ○○경찰서		
전 화	○○○ - ○○○ - ○○○○		
기타사항	둔산경찰서 ○○지구대에 근무하고 있습니다.		

3. 진정취지

진정인은 ○○○○. ○○. ○○. ○○:○○경 진정인이 운영하는 금은방 출입문 앞에서 나이도 어린 사람들이 술을 먹고 소변을 보아 진정인이 항의하는 과정에서 말싸움이 생겨 상대방이 넘어지면서 다쳐 폭행혐의로 처벌을 받았으나 신고를 받고 출동한 피진정인은 노상방뇨행위에 대하여 처벌하지 않는 등 편파수사를 하여 적정여부에 대한 조사를 촉구하면서 아래와 같이 진정서를 제출합니다.

4. 진정원인

(1) 노상방뇨행위

진정인은 ○○○○. ○○. ○○. ○○:○○경 진정인이 운영하는 점포 출입문 앞에서 진정 외 ○○○ 등 4명이 소변을 보아 진정인의 아내가 항의하자 ○○○이 욕을 하는데 격분하여 상대방을 밀쳐 넘어지는 바람에 전치 2주간의 치료를 요하는 폭행혐의로 처벌받은 사건(이하 '폭행사건' 이라고 줄여 쓰겠습니다)과 관련하여 112신고를 받고 출동한 경찰관인 피진정인은 진정 외 ○○○의 노상방뇨 행위에 대하여 일체 처벌하지 않고 편파수사를 하였습니다.

(2) 경범죄처벌

가. 「경범죄처벌법」 제1조에 "다음 각 호의 1에 해당하는 사람은 10만 원이하의 벌금, 구류 또는 과료의 형으로 벌한다. 17. 길이나 공원 그 밖의 여러 사람이 모이거나 다니는 곳에서 함부로 침을 뱉거나 대소변을 보거나 또는 그렇게 하도록 시키거나 개 등 짐승을 끌고 와 대변을 보게 하고 이를 수거하지 아니한 사람" 이라고 규정되어 있고, 제6조에는 제1항에는 "경찰서장, 해양경찰서장 또는 제주특별자치도지사는 범칙자로 인정되는 사람에 대하여 그 이유를 명백히 나타낸 서면으로 범칙금을 납부할 것을 통고할 수 있다." 로 되어 있고, 「경범죄처벌법시행령」 제2조에는 "제5조제1항의 규정에

의한 범칙행위의 구체적인 범위와 법 제6조제2항의 규정에 의한 범칙금의 액수는 별표와 같다"고 규정되어있고, [별표] "범칙행위 및 범칙금액표에 노상방뇨는 50,000원"으로 규정되어 있습니다.

나. 피진정인이 업무를 처리함에 있어 '송치의견서'와 '임의동행 보고서'에 진정 외 ○○○는 진정인이 운영하는 금은방 출입문에 소변을 보았다고 되어 있음에도 ○○○은 경범죄로 처벌받은 사실이 없습니다.

(3) 결론

피진정인은 노상방뇨의 경우 「경범죄처벌법」에 처벌하도록 규정되어 있고 훈방의 경우 범죄 사실이 경미하고 개전의 정이 현저하며, 고령이거나 정신박약자 등 일정한 요건을 갖추어야 하나 진정 외 ○○○(남, ○○세)의 경우 이에 해당하지 않으며 훈방의 경우 근무일지에 기재하는 등 일정한 절차를 준수해야 하나 이러한 사실이 또한 발견할 수 없는 것을 볼 때 피진정인이 진정인만 폭행혐의로 입건하고 진정 외 ○○○의 노상방뇨에 대해서는 처벌하지 않았다는 것은 부당하므로 피진정인을 조사하여 적절한 조치를 취하여 주시기 바랍니다.

5. 증거자료

□ 진정인은 진정인의 진술 외에 제출할 증거가 없습니다.
■ 진정인은 진정인의 진술 외에 제출할 증거가 있습니다.
　☞ 제출할 증거의 세부내역은 별지를 작성하여 첨부합니다.

6. 관련사건의 수사 및 재판 여부

① 중복 신고여부	본 진정서와 같은 내용의 진정서 또는 고소장을 다른 검찰청 또는 경찰서에 제출하거나 제출하였던 사실이 있습니다 □ / 없습니다 ■
② 관련 형사사건 수사 유무	본 진정서에 기재된 범죄사실과 관련된 사건 또는 공범에 대하여 검찰청이나 경찰서에서 수사 중에 있습니다 □ / 수사 중에 있지 않습니다 ■
③ 관련 민사소송 유무	본 진정서에 기재된 범죄사실과 관련된 사건에 대하여 법원에서 민사소송 중에 있습니다 □ / 민사소송 중에 있지 않습니다 ■

7. 기타

본 진정서에 기재한 내용은 진정인이 알고 있는 지식과 경험을 바탕으로 모두 사실대로 작성하였습니다.

○○○○ 년 ○○ 월 ○○ 일

위 진정인 : ○   ○   ○   (인)

국민권익위원회 귀중

별지 : 증거자료 세부 목록

　　　　(범죄사실 입증을 위해 제출하려는 증거에 대하여 아래 각 증거별로
　　　　해당란을 구체적으로 작성해 주시기 바랍니다)

1.인적증거 (목격자, 기타 참고인 등)

성　　명		주민등록번호			
주　　소	자택 : 직장 :			직업	
전　　화	(휴대폰)				
입증하려는 내　　용					

2.증거서류(진술서, 차용증, 각서, 진단서 등)

순번	증　　거	작성자	제출 유무
1	송치의견서	경찰관	■ 접수시 제출　□ 수사 중 제출
2	폭행사건	진정인	■ 접수시 제출　□ 수사 중 제출
3			□ 접수시 제출　□ 수사 중 제출
4			□ 접수시 제출　□ 수사 중 제출
5			□ 접수시 제출　□ 수사 중 제출

3.증거물

순번	증　　거	작성자	제출 유무
1	송치의견서	진정인	■ 접수시 제출　□ 수사 중 제출
2	진술서	진정인	■ 접수시 제출　□ 수사 중 제출
3			□ 접수시 제출　□ 수사 중 제출
4			□ 접수시 제출　□ 수사 중 제출
5			□ 접수시 제출　□ 수사 중 제출

4.기타 증거

　필요에 따라 수시 제출하겠습니다.

진   정   서

진 정 인 : ○   ○   ○

피 진 정 인 : ○   ○   ○

국민권익위원회 귀중

진 정 서

1. 진 정 인

성 명	○ ○ ○	주민등록번호	생략
주 소	충청남도 당진시 ○○로 ○○○, ○○○-○○○호		
직 업	상업	사무실 주 소	생략
전 화	(휴대폰) 010 - 8765 - 0000		
대리인에 의한 진 정	☐ 법정대리인 (성명 : , 연락처) ☐ 진정대리인 (성명 : 변호사, 연락처)		

2. 피 진 정 인

성 명	○ ○ ○	주민등록번호	생략
주 소	충청남도 당진시 무수동7길 144		
소 속	충남 ○○경찰서		
전 화	○○○ - ○○○ - ○○○○		
기타사항	○○경찰서 수사과장, 지구대장, 담당 형사 등		

3. 진 정 취 지

피진정인이 진정인 운행의 마티즈차량과 진정 외 ○○○(이하 "뉴 소나타차량 운전자" 라고 하겠습니다) 운행의 뉴 소나타차량 간에 발생한 교통사고에 관하여 단순히 신호기 고장여부 확인만으로 진정인을 가해자로 지목하고 있는 것은 증거 조사가 미흡한 상태에서 사고당사자의 증언에만 치우쳐 조사한 결과이므로 공정한 재수사를 통하여 정확한 사고원인을 규명해 주시기 바랍니다.

4.진정원인

(1) 도로교통법

가.「도로교통법」제5조 제1항은 "도로를 통행하는 보행자와 차마의 운전자는 교통안전시설이 표시하는 신호 또는 지시...를 따라야 한다."라고 규정하고 있고,「도로교통법」제31조 제2항1호에는 "모든 차의 운전자는 다음 각 호의 어느 하나에 해당하는 곳에서는 일시정지 하여야 한다. 1. 교통정리가 행하여지고 있지 아니하고 좌우를 확인할 수 없거나 교통이 빈번한 교차로"라고 규정하고 있으며,「질의 회시」(1993. 3. 26. 경찰청 교안 63320-358)에는 "교차로 상에서 차량충돌 시 진입거리 측정을 해야 하는 경우 정지선을 기준으로 하여 횡단보도 직전 정지선이 그어져 있으면 그 지점으로부터 …" 라고 명시되어 있고「질의 회시」(1995. 5. 17. 경찰청 교안 63320-1142)에는 "사고당시 신호기가 고장중이면 신호위반 적용 불가하며 사고 장소가 교차로상이면 신호등 없는 교차로 개념에 따라 사고조사·처리 되어야 할 것임 " 이라고 명시하고 있습니다.

(2) 이 사건 교통사고의 신호체계

가, 진정인은 일시정지선에서 정상 직진신호를 보고 출발하였다는 사실은 참고인들의 진술로서도 확인할 수 있습니다.

두 차량이 일시정지선에서 사고지점까지 이동한 시간과 사고 발생시점을 함께 고려하면 진정인의 출발 시작과 뉴소나타차량 운전자가 사고 전 일시정지선을 통과할 무렵은 시간적으로 거의 동시에 발생되어야 할 것입니다.

나, 사고 발생시점부터 시간을 역으로 추정하여 두 차량이 이동된 시간과 신호기 고장시간을 함께 고려하여, 두 차량이 사고 전 각각의 일시정지선에서 위치하였을 때의 신호를 보면 진정인은 직진 신호가 켜져 출발을 시작하는 단계이고 뉴 소나타차량 운전자 신호는 녹색 진행 신호가 아니라 신호기고장으로 인해 황색점멸신호가 끝나가는 단계이거나 혹은 신호기가 정상적으로 회복되어 적색신호가 시작되는 단계이어야 하는데 피진정인의 판단은 잘못된 것입니다.

(3) 결론

교통이 빈번한 사고지점의 교차로에서 진정인이 사고 전 신호기의 고장이 있었다 할지라도 정상적인 신호기 표시에 따라 교차로를 진행한 진정인의 행위가 신호기 고장으로 인해 교통정리가 행하여지고 있지 않는 교차로를 진행하면서 교차로 진입 전 일시정지를 위반한 뉴 소나타차량 운전자의 행위보다도 더 위법하다고 진정인을 가해자로 지목하고 있는 것은 피진정인의 의견은 증거 조사가 미흡한 상태에서 사고당사자의 증언에만 치우쳐 조사한 결과입니다.

따라서 피진정인의 이 사건 교통사고의 조사는 증거조사가 미흡한 상태에서 이루어져 부당하므로 다시 공정한 재수사를 통하여 정확한 사고원인을 규명해 주시기 바랍니다.

5. 증거자료

☐ 진정인은 진정인의 진술 외에 제출할 증거가 없습니다.
■ 진정인은 진정인의 진술 외에 제출할 증거가 있습니다.
　☞ 제출할 증거의 세부내역은 별지를 작성하여 첨부합니다.

6. 관련사건의 수사 및 재판 여부

① 중복 신고여부	본 진정서와 같은 내용의 진정서 또는 고소장을 다른 검찰청 또는 경찰서에 제출하거나 제출하였던 사실이 있습니다 □ / 없습니다 ■
② 관련 형사사건 수사 유무	본 진정서에 기재된 범죄사실과 관련된 사건 또는 공범에 대하여 검찰청이나 경찰서에서 수사 중에 있습니다 □ / 수사 중에 있지 않습니다 ■
③ 관련 민사소송 유무	본 진정서에 기재된 범죄사실과 관련된 사건에 대하여 법원에서 민사소송 중에 있습니다 □ / 민사소송 중에 있지 않습니다 ■

7. 기타

본 진정서에 기재한 내용은 진정인이 알고 있는 지식과 경험을 바탕으로 모두 사실대로 작성하였습니다.

○○○○ 년 ○○ 월 ○○ 일

위 진정인 : ○ ○ ○ (인)

국민권익위원회 귀중

별지 : 증거자료 세부 목록

(범죄사실 입증을 위해 제출하려는 증거에 대하여 아래 각 증거별로 해당 난을 구체적으로 작성해 주시기 바랍니다)

1.인적증거 (목격자, 기타 참고인 등)

성 명	○ ○ ○	주민등록번호		생략	
주 소	자택 : 당진시 ○○로 ○○○, ○○○호 직장 : 당진시 ○○로 ○○, ○○호		직업	회사원	
전 화	(휴대폰) 010 - 1245 - 0000				
입증하려는 내 용	위 ○○○은 진정인과 뉴 소나타차량이 일어난 교통사고를 우연히 길을 지나면서 목격한 사실을 입증하고자 합니다.				

2.증거서류(진술서, 차용증, 각서, 진단서 등)

순번	증 거	작성자	제출 유무
1	교통사고사실확인원	진정인	■ 접수시 제출 □ 수사 중 제출
2	진술서	진정인	■ 접수시 제출 □ 수사 중 제출
3			□ 접수시 제출 □ 수사 중 제출
4			□ 접수시 제출 □ 수사 중 제출
5			□ 접수시 제출 □ 수사 중 제출

3.증거물

순번	증 거	작성자	제출 유무
1	진술서	진정인	■ 접수시 제출 □ 수사 중 제출
2	사고사실확인원	진정인	■ 접수시 제출 □ 수사 중 제출
3			□ 접수시 제출 □ 수사 중 제출
4			□ 접수시 제출 □ 수사 중 제출
5			□ 접수시 제출 □ 수사 중 제출

4.기타 증거

필요에 따라 수시 제출하겠습니다.

진   정   서

진 정 인 : ○   ○   ○

피 진 정 인 : ○   ○   ○

정읍지원 형사1단독 귀중

진 정 서

1. 진 정 인

성 명	○ ○ ○		주민등록번호	생략
주 소	전라북도 정읍시 ○○로 ○○○, ○○-○○○호			
직 업	상업	사무실 주 소	생략	
전 화	(휴대폰) 010 - 2678 - 0000			
대리인에 의한 진 정	☐ 법정대리인 (성명 : , 연락처) ☐ 진정대리인 (성명 : 변호사, 연락처)			

2. 피진정인

성 명	○ ○ ○		주민등록번호	생략
주 소	전라북도 정읍시 ○○로 ○○, ○○○호			
직 업	무직	사무실주 소		
전 화	(휴대폰) 010 - 2348 - 0000			
기타사항	○○○○형제○○○○호 교통사고처리특례법위반			

3. 진정취지

진정인 ○○○○. ○○. ○○. ○○:○○경 전라북도 정읍시 ○○에서 김제 방면 기아자동차 앞 노상에서 일어난 교통사고로 인하여 현재 전주지방법원 정읍지원에서 ○○○○고단○○○○호로 공판 중에 있는 피진정인 겸 피고인 ○○○의 피해자 ○○○의 아버지로서 존경하는 재판장님께 진정하오니 피진정인 겸 피고인 ○○○을 엄벌에 처하여 주시기 바랍니다.

4. 진정원인

(1) 이 사건 교통사고의 실체

 가. 피해자 ○○○은 ○○○○. ○○. ○○. ○○:○○경 전라북도 정읍시 ○○에서 김제방면 기아자동차 앞 노상에서 골목길을 건너고 있었는데 피진정인 겸 피고인 ○○○이 운전하던 ○○터○○○○호 체어맨승용차량이 피해자를 충격하였습니다.

 나. 이 사건 교통사고로 인하여 현재 피해자는 전주 ○○대학교병원에 입원가료 중에 있는데 100일이 넘도록 의식불명상태로 사경을 헤매고 있습니다.

(2) 피해자의 가족이 드리는 진정

 가. 피해자가 교통사고를 당했다는 청천벽력 같은 소식을 접하고 온 가족들은 무척이나 놀라고 당황스러움을 감추지 못하였습니다.

  벌써 피해자가 교통사고를 당한지 100일이 지났음에도 아직 피해자는 의식을 회복하지 못하고 사경을 헤매고 있는 형편입니다.

  피해자는 언제 의식이 돌아올지도 모른 다고 합니다.
  이렇듯 병원에 입원해 있는 피해자를 보고 있는 부모의 입장에서 한숨만 나오고 가슴이 찢어질듯 괴롭기만 합니다.

  더군다나 이번 교통사고를 일으킨 피진정인 겸 피고인 ○○○은 한

젊은 인생을 이렇게 망쳐놓고도 진정인을 비롯한 가족들에게 조차 아무런 사죄의 표시도 없어서 심히 괘씸하고 밉습니다.

나. 한 아이의 애비로서 눈만 멍하니 뜨고 있는 피해자를 바라보고 아무 것도 해줄 수 없다는 생각에 분하고 원통하기만 합니다.

(3) 결어

진정인과 피해자의 온 가족은 피진정인 겸 피고인 ○○○이 형사재판으로 인하여 법의 심판을 제대로 받길 원하고 또 원합니다.

이유야 어찌되었건 인간의 탈을 쓰고 피해자를 이렇게 무심하게 대할 수 있는지 양심이 제대로 박힌 사람이라면 감히 이렇게 할 수는 없다고 생각합니다.

진정인이 재판장님께 생면부지로서 거듭 머리를 조아리며 피진정인 겸 피고인 ○○○을 법이 허용하는 최대한 엄벌에 처하여 주시길 피해자의 온 가족의 이름으로 간곡히 호소합니다.

5. 증거자료

□ 진정인은 진정인의 진술 외에 제출할 증거가 없습니다.
■ 진정인은 진정인의 진술 외에 제출할 증거가 있습니다.
  ☞ 제출할 증거의 세부내역은 별지를 작성하여 첨부합니다.

6. 관련사건의 수사 및 재판 여부

① 중복 신고여부	본 진정서와 같은 내용의 진정서 또는 고소장을 다른 검찰청 또는 경찰서에 제출하거나 제출하였던 사실이 있습니다 □ / 없습니다 ■
② 관련 형사사건 수사 유무	본 진정서에 기재된 범죄사실과 관련된 사건 또는 공범에 대하여 검찰청이나 경찰서에서 수사 중에 있습니다 □ / 수사 중에 있지 않습니다 ■
③ 관련 민사소송 유무	본 진정서에 기재된 범죄사실과 관련된 사건에 대하여 법원에서 민사소송 중에 있습니다 □ / 민사소송 중에 있지 않습니다 ■

7. 기타

본 진정서에 기재한 내용은 진정인이 알고 있는 지식과 경험을 바탕으로 모두 사실대로 작성하였습니다.

○○○○ 년 ○○ 월 ○○ 일

위 진정인 : ○ ○ ○ （인）

정읍지원 형사1단독 귀중

별지 : 증거자료 세부 목록
        (범죄사실 입증을 위해 제출하려는 증거에 대하여 아래 각 증 거별로
        해당 난을 구체적으로 작성해 주시기 바랍니다)

1. 인적증거 (목격자, 기타 참고인 등)

성 명	○ ○ ○	주민등록번호	생략	
주 소	자택 : 직장 :		직업	
전 화	(휴대폰) 010 - 7654 - 0000			
입증하려는 내 용				

2. 증거서류(진술서, 차용증, 각서, 진단서 등)

순번	증 거	작성자	제출 유무
1	가족관계증명서	진정인	■ 접수시 제출 □ 수사 중 제출
2	입원증명서	진정인	■ 접수시 제출 □ 수사 중 제출
3	피해자의 사진	진정인	■ 접수시 제출 □ 수사 중 제출
4			□ 접수시 제출 □ 수사 중 제출
5			□ 접수시 제출 □ 수사 중 제출

3. 증거물

순번	증 거	작성자	제출 유무
1	가족관계증명서	진정인	■ 접수시 제출 □ 수사 중 제출
2	입원증명서	진정인	■ 접수시 제출 □ 수사 중 제출
3	현황사진	진정인	■ 접수시 제출 □ 수사 중 제출
4			□ 접수시 제출 □ 수사 중 제출
5			□ 접수시 제출 □ 수사 중 제출

4. 기타 증거

  필요에 따라 수시 제출하겠습니다.

진 　 정 　 서

진 정 인 ： ○　　　○　　　○

피 진 정 인 ： ○　　　○　　　○

국가인권위원회 귀중

진 정 서

1. 진 정 인

성 명	○ ○ ○	주민등록번호	생략
주 소	경기도 화성시 ○○로 ○○, ○○○-○○○호		
직 업	개인사업	사무실 주 소	생략
전 화	(휴대폰) 010 - 6521 - 0000		
대리인에 의한 진 정	□ 법정대리인 (성명 : , 연락처) □ 진정대리인 (성명 : 변호사, 연락처)		

2. 피진정인

성 명	○ ○ ○	주민등록번호	생략
주 소	경기도 화성시 남양읍 남양로 570		
직 업	경찰관	사무실 주 소	생략
전 화	(휴대폰) 031 - 379 - 9164		
기타사항	화성서부경찰서 ○○○○. ○○. ○○.까지 근무		

3. 진정취지

피진정인은 화성경찰서에 근무하는 경찰관으로서 ○○○○. ○○. ○○. 진정인이 부재한 상황에서 진정인의 주주지를 방문하여 집주인 ○○○에게 진정인이 장례식장에서 싸웠던 일과 관련해서 진정인의 디엔에이를 채취해야 한다고 말하면서 진정인의 범죄사실 등 개인정보를 유출하고 진정인의 인권을 침해한 사실이 있으므로 철저히 조사하여 적의 조치하여 주시기 바랍니다.

4. 진정원인

(1) 이 사건 인권침해의 실체

가. 진정인은 ○○○○. ○○. ○○. 형이 확정되면서「디엔에이신원확인 정보의 이용 및 보호에 관한 법률」에 따라 디엔에이 감식시료채취 대상자가 되었고, 디엔에이 인적관리시스템 ○○○○디제○○○○호 로 등재되었습니다.

나. 피진정기관은 진정인의 디엔에이 감식시료를 채취하려고 수차례 시 도 했으나 진정인은 자신을 범죄자 취급한다는 등의 이유를 들어 디 엔에이 감식시료 채취를 거부하여 왔습니다.

다. 피진정인은 ○○○○. ○○. ○○. 진정인의 주소지를 방문하였으나 진정인을 만나지 못하였고, 진정인과 친척관계라고 했으나 사실은 친척관계가 아닌 참고인(집주인)에게 진정인이 디엔에이 채취대상자 로 디엔에이 채취를 거부하면 영장을 발부받아 강제로 집행할 수밖 에 없다는 점과 진정인이 디엔에이 채취대상자로 관리되는 것은 장 례식장에서 발생했던 다툼과 관련된 것이라는 점을 말하였습니다.

피진정인은 진정인이 디엔에이 감식시료채취 대상자가 된 이후 계속 적법한 디엔에이 감식시료채취를 거부하는 상황에서 진정인의 친척이 라고 한 참고인에게 진정인을 설득하여 디엔에이 감식시료채취에 협조 해 주도록 요청한 것은 정당한 공무집행이라고 주장하고 있습니다.

그러나 피진정인이 진정인의 친척이라고 밝힌 참고인에게 진정인이 디엔에이 감식시료채취 대상자라는 사실과 그 사유에 대하여 말한 행위는 사생활 비밀의 자유와 관련하여 살펴볼 필요가 있습니다. 일반적으로 사생활의 비밀과 자유는 사생활의 평온을 침해받지 않고 사생활의 비밀을 함부로 공개당하지 아니할 권리와 더불어 자기정보 통제권의 등장과 함께 사생활의 권리를 자신과 관련된 정보의 흐름을 통제하고 관리할 수 있는 권리에 해당합니다. 이에 따라, 사생활의 비밀과 자유는 소극적으로 생활의 평온을 침해받지 아니하고 사생활의 비밀을 함부로 공개당하지 아니할 권리에 머무르지 않고 적극적으로 자신에 관한 정보를 관리·통제할 수 있는 권리를 포함한다고 할 수 있습니다.

한편, 디엔에이신원확인정보의 이용 및 보호에 관한 법률은 디엔에이 감식시료를 채취하고 디엔에이 신원확인 정보를 관리하며 이를 이용함에 있어 인간의 존엄성 및 개인의 사생활이 침해되지 않아야 한다는 점을 분명히 명시하고 있습니다.

피진정인이 참고인에게 진정인이 디엔에이 감식시료 채취대상자임과 범죄사실을 알려준 행위는 진정인의 민감한 개인정보를 제3자에게 유출하게 되는 결과를 초래한 것으로 「헌법」 제17조에서 보장하는 진정인의 사생활의 비밀의 자유를 침해한 것입니다.

또한 피진정인은 참고인이 진정인의 친척이고 장례식장에서의 사건을 이미 알고 있는 것처럼 말했다고 진술하고 있으나 설령 피진정인의 진술이 사실이라고 하더라도 제3자에게 진정인의 민감한 개인정보를 거론한 피진정인의 행위는 디엔에이 감식시료를 채취하는 과정에서 그 대상자의 사생활이 침해되지 아니하도록 해야 하는 의무를 다하지 못한 것입니다.

(2) 결론

그렇다면 피진정인의 진정인에 대한 인권침해행위를 철저히 조사하여 피진정인에게 개별적인 책임을 묻고 재발방지를 위하여 피진정기관에서 적의 조치하여 주시기 바랍니다.

5. 증거자료

□ 진정인은 진정인의 진술 외에 제출할 증거가 없습니다.

■ 진정인은 진정인의 진술 외에 제출할 증거가 있습니다.

☞ 제출할 증거의 세부내역은 별지를 작성하여 첨부합니다.

6. 관련사건의 수사 및 재판 여부

① 중복 신고여부	본 진정서와 같은 내용의 진정서 또는 고소장을 다른 검찰청 또는 경찰서에 제출하거나 제출하였던 사실이 있습니다 □ / 없습니다 ■
② 관련 형사사건 수사 유무	본 진정서에 기재된 범죄사실과 관련된 사건 또는 공범에 대하여 검찰청이나 경찰서에서 수사 중에 있습니다 □ / 수사 중에 있지 않습니다 ■
③ 관련 민사소송 유무	본 진정서에 기재된 범죄사실과 관련된 사건에 대하여 법원에서 민사소송 중에 있습니다 □ / 민사소송 중에 있지 않습니다 ■

7. 기타

본 진정서에 기재한 내용은 진정인이 알고 있는 지식과 경험을 바탕으로 모두 사실대로 작성하였습니다.

○○○○ 년 ○○ 월 ○○ 일

위 진정인 : ○ ○ ○ (인)

국가인권위원회 귀중

별지 : 증거자료 세부 목록

    (범죄사실 입증을 위해 제출하려는 증거에 대하여 아래 각 증거별로 해당 난을 구체적으로 작성해 주시기 바랍니다)

1.인적증거 (목격자, 기타 참고인 등)

성 명	○ ○ ○	주민등록번호	생략	
주 소	자택 : 직장 :		직업	
전 화	(휴대폰) 010 - 0000 - 0000			
입증하려는 내 용				

2.증거서류(진술서, 차용증, 각서, 진단서 등)

순번	증 거	작성자	제출 유무
1	사실확인서	진정인	■ 접수시 제출 □ 수사 중 제출
2			□ 접수시 제출 □ 수사 중 제출
3			□ 접수시 제출 □ 수사 중 제출
4			□ 접수시 제출 □ 수사 중 제출
5			□ 접수시 제출 □ 수사 중 제출

3.증거물

순번	증 거	작성자	제출 유무
1	집주인 사실확인서	진정인	■ 접수시 제출 □ 수사 중 제출
2			□ 접수시 제출 □ 수사 중 제출
3			□ 접수시 제출 □ 수사 중 제출
4			□ 접수시 제출 □ 수사 중 제출
5			□ 접수시 제출 □ 수사 중 제출

4.기타 증거

    필요에 따라 수시 제출하겠습니다.

【진정서(7)】 경찰관이 112신고를 받고도 늦장 출동하는 바람에 사고수습에 문제가 생겨 조사해 적의 조치해 달라는 진정서

진　　　정　　　서

진　정　인 :　○　　　　○　　　　○

피　진　정　인 :　○　　　　○　　　　○

국민권익위원회 귀중

진 정 서

1. 진 정 인

성 명	○ ○ ○	주민등록번호	생략
주 소	광주시 ○○구 ○○로 ○○, ○○○-○○○호		
직 업	회사원	사무실 주 소	생략
전 화	(휴대폰) 010 - 9876 - 0000		
대리인에 의한 진 정	□ 법정대리인 (성명 : , 연락처) □ 진정대리인 (성명 : 변호사, 연락처)		

2. 피진정인

성 명	○ ○ ○	주민등록번호	생략
주 소	광주광역시 광산구 어등대로 551		
소 속	광주 ○○경찰서		
전 화	○○○ - ○○○ - ○○○○		
기타사항	○○경찰서 ○○지구대에 근무하고 있습니다.		

3. 진정취지

진정인은 ○○○○. ○○. ○○. ○○:○○경 음주교통사고로 112신고를 4차례 하였으나 신고접수자의 접수 미비로 경찰관이 늦장 출동하여 가해자가 도주하는 등 교통사고가 처리가 잘못되었는바, 피진정인에 대하여 조사를 촉구하면서 아래와 같이 진정서를 제출합니다.

4. 진정원인

(1) 112신고센터운영규칙

　　가. 「112신고센터운영규칙」 제6조에 112센터의 기능으로 '1. 112 신고
　　　　등 제반신고사항에 대한 접수와 지령...(중략)... 5. 112센터에 접
　　　　수되는 모든 신고사항에 대한 기록유지'라고 규정되어 있고, 동 규
　　　　칙 제13조 제2항 나, 호에 '112 신고 접수시 허위·오인·장난신고
　　　　등에 대한 접수자의 임의적 판단조치를 금하고 출동요소를 사건현장
　　　　에 출동시켜 확인한 결과에 따라 처리하여야 한다.'라고 규정되어
　　　　있습니다.

(2) 교통사고처리특례법

　　가. 「교통사고처리특례법」 제2조에 교통사고는 '차의 교통으로 인 하여
　　　　사람을 사상하거나 물건을 손괴하는 것을 말한다.' 라고 정의되어
　　　　있습니다.

　　나. 진정인이 112신고를 한 것은 교통사고가 발생했다고 신고한 것이 아
　　　　니고 음주 운전자를 잡았다는 신고입니다.

(3) 결론

　　진정인은 ○○○○. ○○. ○○. ○○:○○경 음주교통사고로 피해를 입
고 112신고를 하였으나 신고접수자의 접수 미비로 경찰관이 늦장 출동하여
가해자가 도주하는 등 교통사고가 처리가 잘못되었으므로 피진정인에 대한
조사를 통하여 적절한 조치를 취하여 주시기 바랍니다.

5.증거자료

□ 진정인은 진정인의 진술 외에 제출할 증거가 없습니다.

■ 진정인은 진정인의 진술 외에 제출할 증거가 있습니다.

☞ 제출할 증거의 세부내역은 별지를 작성하여 첨부합니다.

6.관련사건의 수사 및 재판 여부

① 중복 신고여부	본 진정서와 같은 내용의 진정서 또는 고소장을 다른 검찰청 또는 경찰서에 제출하거나 제출하였던 사실이 있습니다 □ / 없습니다 ■
② 관련 형사사건 수사 유무	본 진정서에 기재된 범죄사실과 관련된 사건 또는 공범에 대하여 검찰청이나 경찰서에서 수사 중에 있습니다 □ / 수사 중에 있지 않습니다 ■
③ 관련 민사소송 유무	본 진정서에 기재된 범죄사실과 관련된 사건에 대하여 법원에서 민사소송 중에 있습니다 □ / 민사소송 중에 있지 않습니다 ■

7.기타

본 진정서에 기재한 내용은 진정인이 알고 있는 지식과 경험을 바탕으로 모두 사실대로 작성하였습니다.

○○○○ 년 ○○ 월 ○○ 일

위 진정인 : ○ ○ ○   (인)

국민권익위원회 귀중

별지 : 증거자료 세부 목록

　　　　(범죄사실 입증을 위해 제출하려는 증거에 대하여 아래 각 증거별로 해당 난
　　　을 구체적으로 작성해 주시기 바랍니다)

1.인적증거 (목격자, 기타 참고인 등)

성 　 명		주민등록번호			
주 　 소	자택 : 직장 :			직업	
전 　 화	(휴대폰)				
입증하려는 내 　 용					

2.증거서류(진술서, 차용증, 각서, 진단서 등)

순번	증　　　거	작성자	제출 유무
1	신고내역	진정인	■ 접수시 제출　□ 수사 중 제출
2	목격자진술시	진정인	■ 접수시 제출　□ 수사 중 제출
3			□ 접수시 제출　□ 수사 중 제출
4			□ 접수시 제출　□ 수사 중 제출
5			□ 접수시 제출　□ 수사 중 제출

3.증거물

순번	증　　　거	작성자	제출 유무
1	112신고	진정인	■ 접수시 제출　□ 수사 중 제출
2	진술서	진정인	■ 접수시 제출　□ 수사 중 제출
3			□ 접수시 제출　□ 수사 중 제출
4			□ 접수시 제출　□ 수사 중 제출
5			□ 접수시 제출　□ 수사 중 제출

4.기타 증거

　　필요에 따라 수시 제출하겠습니다.

【진정서(8)】 경찰관이 불법체포 및 경찰 장신구를 사용하고 인권침해 하여 철저히 조사해 적
　　　　　　　　의 조치해 달라는 진정서

진　　　　정　　　　서

진 정 인 : ○　　　○　　　○

피 진 정 인 : ○　　　○　　　○

국가인권위원회 귀중

진 정 서

1. 진 정 인

성 명	○ ○ ○	주민등록번호	생략
주 소	전라남도 순천시 ○○로 ○○, ○○○-○○○호		
직 업	어업	사무실 주 소	생략
전 화	(휴대폰) 010 - 9844 - 0000		
대리인에 의한 진 정	□ 법정대리인 (성명 : , 연락처) □ 진정대리인 (성명 : 변호사, 연락처)		

2. 피진정인

성 명	○ ○ ○	주민등록번호	생략
주 소	전라남도 순천시 조비길 2,		
직 업	경찰관	사무실 주 소	생략
전 화	1566 - 0112		
기타사항	순천경찰서 월동치안센터 근무 중,		

3. 진정취지

피진정인은 순천경찰서 월동치안센터에서 근무하는 경찰관으로서 ○○○○. ○○. ○○. ○○:○○경 진정인이 ○○로 ○○농협 앞에서 여성과 1만원 때문에 시비가 있던 중, 출동하여 진정인의 왼손가락에 깍지를 끼어 꺾었고, 먼저 두 번이나 진정인을 밀어내기에 진정인이 왜 자꾸 사람을 왜 미느냐며 피진정인의 가슴을 밀어내자, 바로 진정인의 팔을 뒤로 꺾어 수갑을

채우고 위 월도치안센터로 연행하였으며, 월동치안센터에 가서도 진정인을 소파에 넘어뜨려 목을 누르고 수갑 찬 팔을 누르며 고통을 주어 진정인의 신체의 자유를 침해하였으므로 철저히 조사하여 피진정인을 적의 조치해 주시기 바랍니다.

4. 진정원인

(1) 이 사건 인권침해의 실체

　　가. 피진정인은 ○○○○. ○○. ○○. ○○:○○경 남자 한 명이 월동치안센터로 들어와 자신과 여자 친구에게 자꾸 욕설을 하고 시비를 걸고 있는 사람(진정인)이 있으니 도와달라고 신고함에 따라, 경사 ○○○과 함께 밖으로 나가 경위를 알아보려고 하던 중, 진정인이 욕설을 하며 얘기 듣는 것을 방해하다가 진정 외 ○○○이 손에 1만 원을 들고 월동치안센터 앞쪽으로 다가오자 갑자기 위 돈은 자신이 준 것이라면서 강제로 ○○○에게서 위 1만원을 빼앗으려 하므로 일단 진정인의 손목을 잡고 이를 제지하였습니다.

　　나. 피진정인은 이후 욕설을 하며 항의하는 진정인과 월동치안센터 밖에서 실랑이 하다가 ○○:○○경 먼저 진정인을 배와 양팔로 밀쳤고, 이에 진정인이 맞서 양팔로 피진정인의 가슴을 밀치자, 경사 ○○○과 함께 진정인을 공무집행방해 현행범인으로 체포하면서, 양 옆에서 진정인의 양팔을 뒤로 꺾어 잡고 진정인의 상체를 누른 상태로 원동치안센터로 연행하였습니다.

　　이 사건과 관련하여 위에서 본 바와 같이 진정인이 공무집행방해에 대하여 무혐의 불기소 처분이 되었고 위 체포 과정에서 진정인이 손가락과 팔뚝에 부상을 입은 것이므로 피진정인의 진정인에 대한 체포행위는「헌법」제12조가 정한 진정인의 신체의 자유를 침해한 것입니다.

(2) 결론

이에 조치사항으로는, 이미 피진정인이 이 사건과 관련하여 전남지방경찰청장으로부터 경고처분을 받은 사실이 있기는 하나, 검찰조사 과정에서 진정인의 요구에 의해 월동치안센터의 CCTV영상이 확보되지 못하였다면 진정인이 공무집행방해죄로 처벌될 수도 있었던 상황을 감안하면 보다 엄중한 조치가 필요하다고 판단되오니 피진정인을 적의 조치하여 주시기 바랍니다.

5. 증거자료

☐ 진정인은 진정인의 진술 외에 제출할 증거가 없습니다.

■ 진정인은 진정인의 진술 외에 제출할 증거가 있습니다.

☞ 제출할 증거의 세부내역은 별지를 작성하여 첨부합니다.

6. 관련사건의 수사 및 재판 여부

① 중복 신고여부	본 진정서와 같은 내용의 진정서 또는 고소장을 다른 검찰청 또는 경찰서에 제출하거나 제출하였던 사실이 있습니다 ☐ / 없습니다 ■
② 관련 형사사건 수사 유무	본 진정서에 기재된 범죄사실과 관련된 사건 또는 공범에 대하여 검찰청이나 경찰서에서 수사 중에 있습니다 ☐ / 수사 중에 있지 않습니다 ■
③ 관련 민사소송 유무	본 진정서에 기재된 범죄사실과 관련된 사건에 대하여 법원에서 민사소송 중에 있습니다 ☐ / 민사소송 중에 있지 않습니다 ■

7. 기타

본 진정서에 기재한 내용은 진정인이 알고 있는 지식과 경험을 바탕으로 모두 사실대로 작성하였습니다.

○○○○ 년 ○○ 월 ○○ 일

위 진정인 : ○ ○ ○ (인)

국가인권위원회 귀중

별지 : 증거자료 세부 목록
　　　(범죄사실 입증을 위해 제출하려는 증거에 대하여 아래 각 증거별로
　　　해당 난을 구체적으로 작성해 주시기 바랍니다)

1.인적증거 (목격자, 기타 참고인 등)

성　　명	○ ○ ○	주민등록번호		생략	
주　　소	자택 : 직장 :			직업	
전　　화	(휴대폰) 010 - 0000 - 0000				
입증하려는 내　　용					

2.증거서류(진술서, 차용증, 각서, 진단서 등)

순번	증　　거	작성자	제출 유무
1	진단서	진정인	■ 접수시 제출　□ 수사 중 제출
2	CCTV영상자료		■ 접수시 제출　□ 수사 중 제출
3			□ 접수시 제출　□ 수사 중 제출
4			□ 접수시 제출　□ 수사 중 제출
5			□ 접수시 제출　□ 수사 중 제출

3.증거물

순번	증　　거	작성자	제출 유무
1	CCTV영상자료	진정인	■ 접수시 제출　□ 수사 중 제출
2			□ 접수시 제출　□ 수사 중 제출
3			□ 접수시 제출　□ 수사 중 제출
4			□ 접수시 제출　□ 수사 중 제출
5			□ 접수시 제출　□ 수사 중 제출

4.기타 증거

　　필요에 따라 수시 제출하겠습니다.

진　　　정　　　서

진 정 인 :　○　　　○　　　○

피 진 정 인 :　주식회사　○○건설

청주고용노동지청 귀중

진 정 서

1. 진 정 인

성 명	○ ○ ○	주민등록번호	생략
주 소	청주시 ○○구 ○○로 ○길 ○○, ○○○호		
직 업	개인사업	사무실 주 소	생략
전 화	(휴대폰) 010 - 5123 - 0000		
대리인에 의한 진 정	□ 법정대리인 (성명 : , 연락처) □ 진정대리인 (성명 : 변호사, 연락처)		

2. 피진정인

성 명	(주)○○건설	법인등록번호	생략
주 소	청주시 ○○구 ○○로 ○○, ○○-○○호		
대표자	대표이사 ○○○		
전 화	(휴대폰) 010 - 3123 - 0000		
기타사항	근로기준법위반 야간수당 등 체불의 건		

3. 진정취지

진정인은 피진정인이 근로기준법상 시간외 야간수당 및 휴일근로수당과 월차유급휴가 및 연차유급휴가에 대하여 위반하고 있으므로 귀소에 진정하오니 철저히 조사하시어 체불된 임금을 지급받게 하여 주시기 바랍니다.

4. 진정원인

(1) 시간외 야간 및 휴일근로수당에 관하여

고용노동부에서는 위 관련 행정지침(근기 01254-1099)을 ○○○○년○○월 청주고용노동지청에 시달한 바 있으므로 각 건설노조에 지도하고 있는 것으로 알고 있습니다.

이 지침은 대법원의 판결과 고용노동부의 지침을 같이 하여 노사 간에 일어날 수 있는 분쟁의 소지를 없애기 위한 것으로 사료되는 바, ○○건설에서는 노동조합과 사업주측이 합의한 ○○○○. ○○.월부터만 적용하고 있습니다.

그리고 노동조합 측과 회사 측은 노사 당사자가 합의한 것이므로 그 이전 임금은 근로자들에게 주지 않아도 된다고 주장하고 있으나, 이는 근로기준법을 명백히 위반하는 행위라고 생각합니다.

(2) 연월차 유급휴가에 관하여

① 피진정인 회사는 근로기준법상 연월차휴가에 있어서 근속 1년 미만자에 대하여 3개월분에 한정시켜 적치를 받아주고 있습니다.

그렇다면 피진정인 회사는 근로기준법을 위반하고 있는 것입니다.

② 피진정인 회사는 연차 유급휴가 발생기산일을 모든 근로자에게 1월 1일로 일괄 적용하여 중간에 입사한 근로자들에게 연차유급휴가 발생일에 대하여 불이익을 주고 있습니다.

(3) 근로자에게 의무적으로 동원시키는 교육에 관하여

피진정인 회사에서는 근로자에게 업무상 필요하거나 동원교육을 시키는 경우가 매 분기마다 1일간씩 있습니다.

이러한 동원교육이 국토교통부령이 정하는 바에 따라 건설업을 하는 회사가 의무적으로 근로자들에게 교육시켜야 한다는 강제규정이고 보면, 그 교육에 참석하는 근로자에게는 당연히 시간외 근로로 인정하여 임금으로 지급하여야 하는데도 노사합의를 핑계로 ○○○○. ○○.부터 근로자에게 불리한 지급을 한다는 것입니다.

그러나 이 부분도 근로기준법과 동원교육으로 발생한 임금을 체불 당하고 있는 것입니다.

(4) 결어

따라서 위 사항에 대해 철저히 조사하시어 원만하게 해결하도록 조치하여 주시기 바라므로 이 진정에 이른 것입니다.

5. 증거자료

□ 진정인은 진정인의 진술 외에 제출할 증거가 없습니다.
■ 진정인은 진정인의 진술 외에 제출할 증거가 있습니다.
　☞ 제출할 증거의 세부내역은 별지를 작성하여 첨부합니다.

6. 관련사건의 수사 및 재판 여부

① 중복 신고여부	본 진정서와 같은 내용의 진정서 또는 고소장을 다른 검찰청 또는 경찰서에 제출하거나 제출하였던 사실이 있습니다 □ / 없습니다 ■
② 관련 형사사건 수사 유무	본 진정서에 기재된 범죄사실과 관련된 사건 또는 공범에 대하여 검찰청이나 경찰서에서 수사 중에 있습니다 □ / 수사 중에 있지 않습니다 ■
③ 관련 민사소송 유무	본 진정서에 기재된 범죄사실과 관련된 사건에 대하여 법원에서 민사소송 중에 있습니다 □ / 민사소송 중에 있지 않습니다 ■

7. 기타

본 진정서에 기재한 내용은 진정인이 알고 있는 지식과 경험을 바탕으로 모두 사실대로 작성하였습니다.

○○○○ 년 ○○ 월 ○○ 일

위 진정인 : ○ ○ ○　(인)

청주고용노동지청 귀중

별지 : 증거자료 세부 목록

（범죄사실 입증을 위해 제출하려는 증거에 대하여 아래 각 증거별로 해당 난을 구체적으로 작성해 주시기 바랍니다）

1.인적증거 （목격자, 기타 참고인 등）

성　　명		주민등록번호		
주　　소	자택 : 직장 :		직업	
전　　화	（휴대폰）			
입증하려는 내　　용				

2.증거서류(진술서, 차용증, 각서, 진단서 등)

순번	증　　거	작성자	제출 유무
1	임금확인서	진정인	■ 접수시 제출　□ 수사 중 제출
2	조사에 임하여 제출	진정인	■ 접수시 제출　□ 수사 중 제출
3			□ 접수시 제출　□ 수사 중 제출
4			□ 접수시 제출　□ 수사 중 제출
5			□ 접수시 제출　□ 수사 중 제출

3.증거물

순번	증　　거	작성자	제출 유무
1	임금확인서	진정인	■ 접수시 제출　□ 수사 중 제출
2	참고자료	진정인	■ 접수시 제출　□ 수사 중 제출
3			□ 접수시 제출　□ 수사 중 제출
4			□ 접수시 제출　□ 수사 중 제출
5			□ 접수시 제출　□ 수사 중 제출

4.기타 증거

필요에 따라 수시 제출하겠습니다.

【진정서(10)】 근로자가 체불된 임금 및 퇴직금의 지급을 받기 위해 고용노동지청에 제출하는
          진정서

진   정   서

진 정 인 : ○   ○   ○

피 진 정 인 : ○   ○   ○

인천지방고용노동청 귀중

진 정 서

1. 진 정 인

성 명	○ ○ ○		주민등록번호	123456 - 2345678
주 소	인천시 ○○구 ○○로 ○○길 ○○, 롯데@ ○○○동 ○○ ○○호			
직 업	회사원	사무실 주 소		
전 화	(휴대폰) 010 - 1234 - 0000			
대리인에 의한 진 정	□ 법정대리인 (성명 : , 연락처) □ 진정대리인 (성명 : 변호사 , 연락처)			

2. 피진정인

상 호	주식회사 ○○○	법인등록번호	1122334 - 0023456
주 소	인천시 남동구 00동 00번지 00호 000인천공장		
대표자	대표이사 ○○○		
전 화	032 - 1234 - 0000		
기타사항	진정인과의 관계 - 고용관계로 친·인척관계 없습니다.		

3. 진정취지

진정인에 대한 피진정인의 체불임금 및 퇴직금에 관한 건

4. 진정내용

(1) 진정인은 피진정인 회사에 ○○○○. ○○. ○○. 입사하여 ○○○○. ○○. ○○.자로 퇴사한 근로자이며, 피진정인은 위 주소지에서 30여명의 근로자를 고용하여 전자부품 및 제품을 생산하여 판매하는 제조업체입니다.

(2) 진정인은 월 1,980,000원을 임금을 받고 피진정인 회사 인천공장에서 성실히 근무해 왔습니다.

피진정인은 ○○○○. ○○.부터 회사의 사정이 어렵다며 진정인의 임금을 체불하여 진정인은 생활하는데 막대한 지장을 초래하였습니다.

또한 진정인이 퇴사한지 3개월이 되어가는 데도 임금은 고사하고 14일 이내에 지급키로 되어있는 퇴직금도 지급하지 않고 있습니다.

(3) 근로기준법 제36조에 의하면 근로자의 임금은 매월 1회 이상 전액을 통화로 지급하여야 한다고 되어있습니다.

또한 근로기준법 제30조에 의하면 퇴사한지 14일 이내에 임금 및 퇴직금을 모두 지급하도록 되어있습니다.

따라서 피진정인은 근로기준법대로 체불임금 및 퇴직금을 지급하여야 함에도 불구하고 퇴사 3개월이 다되도록 이를 지급하지 않는 것은 근로기준법 위반이며 진정인은 당연히 근로기준법에 따라 체불임금과 퇴직금을 지급 받아야 합니다.

(4) 이상과 같은 이유로 본건 진정에 이르게 되었사오니 진정인의 정당한 근로의 대가인 임금과 퇴직금을 지급받을 수 있도록 선처하여 주시기 바랍니다.

5.증거자료

□ 진정인은 진정인의 진술 외에 제출할 증거가 없습니다.

■ 진정인은 진정인의 진술 외에 제출할 증거가 있습니다.

☞ 제출할 증거의 세부내역은 별지를 작성하여 첨부합니다.

6.관련사건의 수사 및 재판 여부

① 중복 신고여부	본 진정서와 같은 내용의 진정서 또는 고소장을 다른 검찰청 또는 경찰서에 제출하거나 제출하였던 사실이 있습니다 □ / 없습니다 ■
② 관련 형사사건 수사 유무	본 진정서에 기재된 범죄사실과 관련된 사건 또는 공범에 대하여 검찰청이나 경찰서에서 수사 중에 있습니다 □ / 수사 중에 있지 않습니다 ■
③ 관련 민사소송 유무	본 진정서에 기재된 범죄사실과 관련된 사건에 대하여 법원에서 민사소송 중에 있습니다 □ / 민사소송 중에 있지 않습니다 ■

7.기타

본 진정서에 기재한 내용은 진정인이 알고 있는 지식과 경험을 바탕으로 모두 사실대로 작성하였습니다.

○○○○ 년 ○○ 월 ○○ 일

위 진정인 : **ㅇ ㅇ ㅇ**   (인)

인천지방고용노동청 귀중

진　　　정　　　서

진　정　인 : ○　　　　○　　　　○

피 진 정 인 : ○　　　　○　　　　○

고용노동부 울산지청장 귀하

진 정 서

1. 진 정 인

성 명 (상호·대표자)	○ ○ ○	주민등록번호	123456 - 1234567
주 소 (주사무소 소재지)	울산시 00구 00동 00번지 00호 울산빌라 302호		
직 업	회사원	사무실 주 소	없습니다,
전 화	(휴대폰) 010 - 0000 - 0000		
이 메 일	korea3939@naver.com		
대리인에 의한 진 정	□ 법정대리인 (성명 : , 연락처) □ 진정대리인 (성명 : 변호사 , 연락처)		

2. 피진정인

사 업 장	주식회사 ○○○	전화번호	000 - 000 - 0000
		휴 대 폰	010 - 0000 - 0000
소 재 지	울산시 00구 00동 00번지 00산업단지 000호		
업 종	○○○제조	근로자수	약 00여명
대표자(사내이사)	○ ○ ○	주민등록번호	123456 - 1234567
대표자(사내이사) 주 소	울산시 00구 00동 00로 00, 000동 0000호(00동, 00아파트)		
기타사항	진정인과의 관계 - 친 · 인척관계 없습니다.		

3. 진정의 요지

피진정인은 위 주소지에서 고속버스운송사업을 경영하는 사람으로서 근로기준법상 시간외 야간수당 및 휴일근로수당과 월차유급휴가 및 연차유급휴가에 대하여 위반하고 있으므로 귀청에 진정하오니 철저히 조사하시어 ○○고속 모든 근로자의 불이익을 막아 주시고, 체불된 임금을 지급받게 하여 주시기 바랍니다.

4. 진정의 사실

(1) 시간외 야간 및 휴일근로수당에 관하여

고용노동부에서는 위 관련 행정지침을 0000년00월 고용노동부 울산지청에 시달한 바 있으므로 각 버스노조에 지도하고 있는 것으로 알고 있습니다. 이 지침은 대법원의 판결과 고용노동부의 지침을 같이 하여 노사 간에 일어날 수 있는 분쟁의 소지를 없애기 위한 것으로 사료되는 바, ○○고속에서는 노동조합과 사업주측이 합의한 0000.00.월부터만 적용하고 있습니다. 그리고 노동조합 측과 회사 측은 노사 당사자가 합의한 것이므로 그 이전 임금은 근로자들에게 주지 않아도 된다고 주장하고 있으나, 이는 근로기준법을 명백히 위반하는 행위라고 생각합니다.

(2) 연월차 유급휴가에 관하여

가, 피진정인 회사는 근로기준법상 연월차 휴가에 있어서 근속 1년 미만자에 대하여 3개월분에 한정시켜 적치를 받아주고 있습니다. 그렇다면 피진정인 회사는 근로기준법을 위반하고 있는 것입니다.

나, 피진정인 회사는 연차유급휴가 발생기산일을 모든 근로자에게 1월 1

일로 일괄 적용하여 중간에 입사한 근로자들에게 연차유급휴가 발생
일에 대하여 불이익을 주고 있습니다.

(3) 근로자에게 의무적으로 동원시키는 교육에 관하여

피진정인 회사에서는 근로자에게 업무상 필요하거나 운수사업법 제33조
의 7에 의거 동원교육을 시키는 경우가 매 분기마다 1일간씩 있습니다.
이러한 동원교육이 교통부령이 정하는 바에 따라 운송사업을 하는 회사
가 의무적으로 근로자들에게 교육시켜야 한다는 강제규정이고 보면, 그
교육에 참석하는 근로자에게는 당연히 시간외 근로로 인정하여 임금으로
지급하여야 하는데도 노사합의를 핑계로 ○○○○. ○○. ○○.부터 근
로자에게 불리한 지급을 한다는 것입니다. 그러나 이 부분도 근로기준법
과 동원교육으로 발생한 임금을 체불 당하고 있는 것입니다.

(4) 결어

따라서 위 사항에 대해 철저히 조사하시어 원만하게 해결하도록 조치하
여 주시기 바라므로 이 진정에 이른 것입니다.

5. 소명자료 및 첨부서류

(1) 증 제1호증   위임장 및 서명날인서 사본   1통

6. 증거자료

☐ 진정인은 진정인의 진술 외에 제출할 증거가 없습니다.

■ 진정인은 진정인의 진술 외에 제출할 증거가 있습니다.

☞ 제출할 증거의 세부내역은 별지를 작성하여 첨부합니다.

7.관련사건의 수사 및 재판여부

① 중복신고 여 부	본 진정서와 같은 내용의 진정서 또는 고소장을 다른 검찰청 또는 경찰서에 제출하거나 제출하였던 사실이 있습니다□ /없습니다■
③ 형사사건 수사유무	본 진정서에 기재된 범죄사실과 관련된 사건 또는 공범에 대하여 검찰청이나 경찰서에서 수사 중에 있습니다□ /수사 중에 있지 않습니다■
③ 민사소송 유 무	본 진정서에 기재된 범죄사실과 관련된 사건에 대하여 법원에서 민사소송 중에 있습니다■ / 민사소송 중에 있지 않습니다□

8.기타

본 진정서에 기재한 내용은 진정인이 알고 있는 지식과 경험을 바탕으로 모두 사실대로 작성하였으며 만일 허위의 사실이 있을 때는 처벌받을 것을 아울러 서약합니다.

○○○○ 년 ○○ 월 ○○ 일

위 진정인 : ○ ○ ○   (인)

고용노동부 울산지청장 귀하

【진정서(12)】 영업장소에 누군가가 밤에 돌을 집어던져 유리가 깨지는 등 피해가 이만저만이
아니라며 철저히 수사해 처벌해 달라는 진정서

진   정   서

진 정 인 : ○   ○   ○

피 진 정 인 : ○   ○   ○

의정부경찰서장   귀중

진 정 서

1. 진 정 인

성 명	○ ○ ○	주민등록번호	123456 - 2345678
주 소	경기도 의정부시 00동 00번지 다원@ 000동 1202호		
직 업	개인사업	사무실 주 소	의정부시 00동 00번지 00호
전 화	(휴대폰) 010-0000-0000 (자택) 031-000-0000		
이 메 일	99ssyt@naver.com		
대리인에 의한 진 정	□ 법정대리인 (성명 : , 연락처) □ 고소대리인 (성명 : 변호사 , 연락처)		

2. 피진정인

성 명	불상	주민등록번호	불상
주 소	불상		
직 업	불상	사무실 주 소	불상
전 화	불상		
이 메 일	불상		
기타사항	고소인과의 관계 - 친·인척관계 없습니다.		

3. 진정취지

　진정인은 피진정인을 아래의 진정의 요지와 같이 진정하오니 철저히 수사하여 엄하게 처벌하여 주시기 바랍니다.

4. 진정요지

(1) 진정인은 경기도 의정부시 ○○로○○길 ○○, 장원빌딩 지하에서 티티카카라는 상호로 단란주점을 운영하고 있습니다.

(2) 진정인이 성업 중인 밤 11시에서 12시 사이에 1주일에 3회 내지 4회에 걸쳐 누군가가 고의로 진정인이 영업하는 위 단란주점으로 돌을 던져 대형 유리창이 깨지는 등 기물이 파손되었습니다.

(3) 이에 손님들은 불안해서 도중 퇴실하는 등 반환을 요구하여 영업에 막대한 피해를 입고 있습니다.

(4) 경쟁업체의 소행으로 추정되지만, 확실한 정체를 알면 고소를 하겠는데 정체불명의 가해자인 피진정인으로부터 피해를 당하고 있사오니, 철저히 수사하여 진정인이 인정된 영업을 할 수 있도록 범인을 반드시 잡아 엄하게 처벌하여 주시기 바랍니다.

5. 증거자료

　□ 진정인은 진정인의 진술 외에 제출할 증거가 없습니다.
　■ 진정인은 진정인의 진술 외에 제출할 증거가 있습니다.
　　☞ 제출할 증거의 세부내역은 별지를 작성하여 첨부합니다.

6. 관련사건의 수사 및 재판여부

① 중복 진정여부	본 진정서와 같은 내용의 진정서를 다른 검찰청 또는 경찰서에 제출하거나 제출하였던 사실이 있습니다 □ / 없습니다 ■
② 관련 형사사건 수사 유무	본 진정서에 기재된 범죄사실과 관련된 사건 또는 공범에 대하여 검찰청이나 경찰서에서 수사 중에 있습니다 □ / 수사 중에 있지 않습니다 ■
③ 관련 민사소송 유무	본 진정서에 기재된 범죄사실과 관련된 사건에 대하여 법원에서 민사소송 중에 있습니다 □ / 민사소송 중에 있지 않습니다 ■

7. 기타

본 진정서에 기재한 내용은 진정인이 알고 있는 지식과 경험을 바탕으로 모두 사실대로 작성하였으며, 만일 허위사실을 진정하였을 때에는 형법 제156조 무고죄로 처벌받을 것임을 서약합니다.

○○○○ 년 ○○ 월 ○○ 일

위 진정인 : O O O (인)

의정부경찰서장 귀중

별지 : 증거자료 세부 목록

(범죄사실 입증을 위해 제출하려는 증거에 대하여 아래 각 증거 별로 해당 난을 구체적으로 작성해 주시기 바랍니다)

1. 인적증거 (목격자, 기타 참고인 등)

성 명	○ ○ ○	주민등록번호		-	
주 소	자택 : ○○시 ○○로 ○○길 ○○, ○호 직장 :		직업	회사원	
전 화	(휴대폰) 010-0000-0000				
입증하려는 내 용	위 ○○○은 진정인이 경영하는 단란주점에서 손님들과 술을 마시던 중, 피진정인이 돌을 집어던져 유리창이 깨진 사실을 목격하여 잘 알고 있어 이를 입증하고자 합니다.				

2. 증거서류 (진술서, 차용증, 각서, 금융거래내역서, 진단서 등)

순번	증거	작성자	제출 유무
1	목격자진술서	증인	■ 접수시 제출　□ 수사 중 제출
2	파손된 현장사진	고소인	■ 접수시 제출　□ 수사 중 제출
3			□ 접수시 제출　□ 수사 중 제출
4			□ 접수시 제출　□ 수사 중 제출
5			□ 접수시 제출　□ 수사 중 제출

3. 증거물

순번	증거	소유자	제출 유무
1	목격자진술서	고소인	■ 접수시 제출　□ 수사 중 제출
2	현장사진.	고소인	■ 접수시 제출　□ 수사 중 제출
3			□ 접수시 제출　□ 수사 중 제출
4			□ 접수시 제출　□ 수사 중 제출
5			□ 접수시 제출　□ 수사 중 제출

4. 기타 증거
필요에 따라 수시 제출하겠습니다.

진　　　　정　　　　서

진　정　인 : ○　　　○　　　○

피　진　정　인 : ○　　　○　　　○

울산　○○경찰서장　귀중

진 정 서

1. 진 정 인

성 명	○ ○ ○	주민등록번호	123456 - 2345678
주 소	울산시 ○○구 ○○로 ○○길 ○○, 대우@ 000동 0000호		
직 업	가정주부	사무실 주 소	없습니다.
전 화	(휴대폰) 010 - 1234 - 0000		
대리인에 의한 진 정	☐ 법정대리인 (성명 : , 연락처) ☐ 진정대리인 (성명 : 변호사 , 연락처)		

2. 피 진 정 인

성 명	모릅니다.	주민등록번호	모릅니다.
주 소	모릅니다.		
직 업	사기꾼	사무실 주 소	인터넷 중고나라
전 화	(휴대폰) 010 - 0000 - 0000		
기타사항	진정인과의 관계 - 친 · 인척관계 없습니다.		

3. 진 정 취 지

진정인은 피진정인을 사기혐의로 진정하오니 철저히 수사하여 처벌하여
주시기 바랍니다.

4. 피해사실

진정인은 인터넷을 검색하던 중, 중고나라 장터에서 우연히 피진정인이 올려놓은 카메라를 보고 전화로 문자메시지를 보낸 후 카메라대금 금 60만원을 피진정인의 계좌번호로 이체하였습니다.

그 후 피진정인에게 연락이 닿지 않았고, 더치트에도 검색했을 때 진정인이 피진정인 와이프 계좌라며 알려 준 계좌로 송금한 후 나오지 않았습니다.

5. 진정이유

(1) 진정인은 ○○○○. ○○. ○○. 15:40경 인터넷 중고나라에 올라온 카메라를 우연히 보고, 기재되어 있는 전화로 피진정인에게 문자를 보내자 피진정인이 와이프 계좌번호를 알려주어 진정인은 카메라대금으로 금 60만원을 계좌에 입금하였습니다.

(2) 그 후 위 카메라가 도착되지 않아 피진정인의 전화로 연락을 했으나, 전화연락이 전혀 닿지 않았고, 바로 더치트에도 검색을 했을 때 나오지 않고 사라졌습니다.

(3) 이에 피진정인을 인터넷을 이용한 사기죄로 진정하게 된 것이오니 피진정인을 검거하여 철저히 수사한 후 엄벌에 처하여 주시기 바랍니다.

6. 증거자료

　　□ 진정인은 진정인의 진술 외에 제출할 증거가 없습니다.
　　■ 진정인은 진정인의 진술 외에 제출할 증거가 있습니다.
　　　　☞ 제출할 증거의 세부내역은 별지를 작성하여 첨부합니다.

7.관련사건의 수사 및 재판 여부

① 중복 신고여부	본 진정서와 같은 내용의 진정서 또는 고소장을 다른 검찰청 또는 경찰서에 제출하거나 제출하였던 사실이 있습니다 □ / 없습니다 ■
② 관련 형사사건 수사 유무	본 진정서에 기재된 범죄사실과 관련된 사건 또는 공범에 대하여 검찰청이나 경찰서에서 수사 중에 있습니다 □ / 수사 중에 있지 않습니다 ■
③ 관련 민사소송 유무	본 진정서에 기재된 범죄사실과 관련된 사건에 대하여 법원에서 민사소송 중에 있습니다 □ / 민사소송 중에 있지 않습니다 ■

8.기타

본 진정서에 기재한 내용은 진정인이 알고 있는 지식과 경험을 바탕으로 모두 사실대로 작성하였습니다.

○○○○ 년 ○○ 월 ○○ 일

위 진정인 : ㅇ ㅇ ㅇ   (인)

울산 ○○경찰서장 귀중

별지 : 증거자료 세부 목록

　　　(범죄사실 입증을 위해 제출하려는 증거에 대하여 아래 각 증거별
　　　로 해당 난 을 구체적으로 작성해 주시기 바랍니다)

1. 인적증거 (목격자, 기타 참고인 등)

성　명	주　주　주	주민등록번호	123456 - 2222222		
주　　소	자택 : 울산시 ○○구 ○○로 ○○, ○호 직장 :			직업	가정주부
전　　화	(휴대폰) 010 - 0000 - 0000				
입증하려는 내　용	위 000은 진정인의 이웃에 거주하는 관계로 진정인이 피진정에게 카메라를 구입하고 대금을 이체한 사실을 목격하여 이를 입증하고자 합니다.				

2. 증거서류 (진술서, 차용증, 각서, 금융거래내역서, 진단서 등)

순번	증　　거	작성자	제출 유무
1	계좌이체 한 영수증	고소인	■ 접수시 제출　□ 수사 중 제출
2			□ 접수시 제출　□ 수사 중 제출
3			□ 접수시 제출　□ 수사 중 제출
4			□ 접수시 제출　□ 수사 중 제출
5			□ 접수시 제출　□ 수사 중 제출

3. 증거물

순번	증　　거	작성자	제출 유무
1	계좌이체 한 영수증	고소인	■ 접수시 제출　□ 수사 중 제출
2			□ 접수시 제출　□ 수사 중 제출
3			□ 접수시 제출　□ 수사 중 제출
4			□ 접수시 제출　□ 수사 중 제출
5			□ 접수시 제출　□ 수사 중 제출

4. 기타 증거

　　필요에 따라 수시 제출하겠습니다.

【진정서(14)】 인터넷에서 하자 있는 물품을 판매한 것은 인터넷사기죄에 해당하여 업주대표를
철저히 수사하여 처벌해 달라는 진정서

진　　　정　　　서

진　정　인 : ○　　　　○　　　　○

피　진　정　인 : ○　　　　○　　　　○

전주 완산경찰서장 귀중

진 정 서

1. 진 정 인

성 명	○ ○ ○		주민등록번호	생략
주 소	전라북도 전주시 덕진구 온고을로 ○○○-○○호			
직 업	개인사업	사무실 주 소	생략	
전 화	(휴대폰) 010 - 2389 - 0000			
대리인에 의한 진 정	☐ 법정대리인 (성명 : , 연락처) ☐ 진정대리인 (성명 : 변호사, 연락처)			

2. 피진정인

성 명	○ ○ ○		주민등록번호	모릅니다.
주 소	전라북도 전주시 완산구 ○○로 ○○길 ○○○호			
직 업	상업	사무실 주 소	상동과 같습니다.	
전 화	(휴대폰) 010 - 1299 - 0000			
기타사항	진정인과의 관계 - 친 · 인척관계 없습니다.			

3. 진정취지

진정인은 피진정인에 대하여 인터넷을 이용한 사기혐의로 진정하오니 피진
정인을 법에 준엄함을 깨달을 수 있도록 엄히 처벌하여 주시기 바랍니다.

4. 피해사실

(1) 당사자 관계

진정인은 주소지에 거주하고 개인사업을 하고 있고, 피진정인은 전라북도 전주시 완산구 ○○로 ○○길 ○○○에서 인터넷을 통하여 복합기를 판매하는 주식회사 아름다운렌탈의 대표이사로 재직하는 사람입니다.

(2) 복합기구입

진정인은 ○○○○. ○○. ○○. ○○:○○경 피진정인이 인터넷을 통하여 복합기를 저렴한 가격으로 판매한다는 광고를 보고 사이트를 방문하여 다음과 같은 복합기를 금 ○,○○○,○○○원에 구입하고 피진정인이 진정인의 휴대폰번호로 보내온 계좌번호 국민은행 ○○○-○○-○○○-○○예금주 피진정인 ○○○에게 계약금 금 ○○○,○○○원을 송금했습니다.

- 다　　음 -

① 상품명 ： 복합기
② 기　능 ： 흑백레이저, 프린트, 복사기, 스캐너, 흑백인쇄속도 43ppm, 스캐너해상도 1200× 1200dpi, 기본 메모리 2GB, 모뎀속도 33.6Kbps, 유선랜, 양면인쇄, LCD
③ 옵　션 ： 용지공급장지(카드리지 1칸) 추가 25만원 지급

진정인이 ○○○○. ○○. ○○. 피진정인에게 위 복합기의 설치를 요구하자피진정인은 ○○○○. ○○. ○○. 일찍 ○○전자물류

로 주문을 넣으면 ○○○○. ○○. ○○. 오전 중으로 설치가 가능하다면서 나머지 대금 ○,○○○,○○○원은 설치와 동시에 지급해 달라는 전화가 ○○○○. ○○. ○○. 오전에 왔습니다.

(3) ③ 추가옵션이 빠진 채 복합기 배송

○○○○. ○○. ○○. 오전 ○○:○○경 ○○전자물류센터 배송기사 ○○○(010-1234-0000)가 설치장소로 복합기를 배송해 왔는데 진정인이 복합기의 박스를 육안으로 보아도 높이가 상당히 차이가 나는 등 아무리 생각해도 진정인이 주문한 복합기가 아닌 것 같다고 하자 배송기사는 피진정인이 주문한 대로 배송한 것이라며 피진정인의 설치기사가 오면 설치기사와 말을 하고 있을 때 피진정인의 설치기사 성명미상 010-3450-0000는 내부지침이라면서 진정인이 복합기를 확인하지도 않고 설치도 하기 전 무조건 복합기잔액 금 ○,○○○,○○○원을 먼저 달라고 해서 진정인은 돈을 보여 주면서 설치가 완료되면 바로 지급하기로 했는데 왜 먼저 달라고 하느냐고 하자 설치기사는 피진정인에게 전화를 하더니 복합기를 설치한 후 대금을 받기로 하고 복합기의 박스를 개봉하자 진정인이 추가옵션비용을 지급하고 용지공급장치인 카드리지 1칸이 빠져 있어 설치를 거부하자 다시 설치기사가 피진정인에게 확인하였는데 카드리지 1칸이 빠진 것이 맞는다며 빠진 카드리지의 옵션비용을 복합기대금에서 공제하고 진정인이 별도로 구입해 사용하라고 해서

진정인으로서는 카드리지를 어디에서 사야하는지도 설사 구입한다 하더라도 어떻게 장착을 해야 하는지 할 수 없다 주문한 대로 설치해 주기로 한 대로 해달라고 요구하자 피진정인이 계약금을 환불해 주겠다며 진정인의 계좌번호를 문자메시

지로 보내달라고 해서 계좌번호를 문자메시지로 보냈는데

두 달이 넘도록 계약금을 반환하지 않아 피진정인에게 휴대폰으로 수차례에 통화를 시도했는데 피진정인은 아예 진정인의 전화를 피하고 받지 않는 바람에 전주시청 지역경제과 담당공무원 ○○○에게 통산판매업민원을 제기하자 바로 피진정인에게서 문자메시지로 계약금반환은 물품입고 후 절차에 따라 송금할 예정이오나 고객님의 결제거부로 인하여 납품이 철회되어 배송비 제외여부는 보류중입니다. 라고 보내고 전주시청 담당 공무원에게 피진정인이 ○○전자물류센터에 주문한 것을 물류센터에서 제품을 잘못 배송했다며 이에 대한 근거자료를 담당 공무원에게 발송하겠다는 취지로 항변하였다는 말을 듣고 진정인으로서는 소비자로서 구입한 물품에 즉 하자가 있는 제품의 중요부분이 누락되거나 빠진 것을 확인하고도 물품을 인도해야 하고 그 대금을 지급해야 할 의무는 없고 설치와 납품 또한 거절할 권리가 있습니다.

그리고 설사 ○○전자물류센터에서 물품을 잘못 배송하였다고 하더라도 이는 피진정인과 ○○전자물류센터 간의 문제이지 소비자인 진정인은 알 필요도 없고 보호받을 권리가 있습니다.

피진정인의 행동이 너무나 의심스럽고 괘씸해서 진정인이 ○○전자물류센터의 복합기를 배송한 ○○○와 ○○○에게 진정인이 전화로 확인을 했는데 배송담당자인 ○○○은 피진정인이 물류센터에 복합기를 주문할 때 이미 위 복합기에 장착되는 카드리지는 품절상태라 재고가 없었기 때문에 아예 주문을 하지도 않아 피진정인이 주문한 대로 배송한 것이라고 밝히고 있습니다.

그렇다면 피진정인은 진정인에게 위 복사기를 판매할 때나 위 복합기를 ○○전자물류센터에 주문을 할 때도 추가옵션사항인 카드리지가 품절되어 재고가 없다는 사실을 복합기를 취급하고 판매하는 전문가로서 충분히 잘 알고 있으면서 마치 진정인에게 카드리지를 장착해 설치해 주겠다고 속이고 카드리지를 뺀 채로 진정인에게 배송한 후 진정인이 이 사실을 알아차리고 복합기의 납품을 거절할 것을 대비해서 설치 후 잔금을 받기로 한 것을 설치하기도 전 박스를 개봉하기도 전에 잔금부터 달라고 한 것은 처음부터 진정인을 의도적으로 속였습니다.

(4) 피진정인의 사기행각

이유여하를 막론하고 주문한 물품을 공급하지 못했으면 자신의 잘못을 뉘우치고 손실을 배상하고 사과부터 하는 것이 도리이나 피진정인의 처신이나 행동을 보면 처음부터 진정인에게 판매한 위 복합기를 판매하더라도 추가옵션인 카드리지를 장착하여 설치해 줄 의사가 없었습니다.

피진정인은 진정인이 주문한 위 복합기의 추가옵션사항인 카드리지가 품절되어 재고가 없다는 사실을 알고 진정인을 속이고 카드리지가 빠진 상태로 복합기를 설치하려고 하였을 뿐만 아니라 피진정인의 설치기사로 하여금 반품을 대비해 대금을 먼저 받으라고 지시를 하는 등 치밀함을 보였습니다.

피진정인은 위 복합기의 카드리지를 뺀 상태로 진정인을 속이고 설치하려다가 진정인이 이를 알아차리고 항의하자 그때서야 카드리지 추가옵션 대금 250,000원 상당을 공제한 나머지의 대금을 지급해 달라고 한 사실도 있습니다.

이에 설치를 거부하자 계약금을 송금해 주겠다고 계좌번호를 보내주자 아예 전화를 받지 않고 피하고 있을 뿐 아니라 두 달이 넘도록 계약금을 반환하지 않는다는 것은 처음부터 복합기를 납품할 의사가 없었습니다.

피진정인은 ○○전자물류센터의 복합기 배송기사 ○○○에 의하면 피진정인이 진정인에게 배송할 위 복합기를 배송주문할 그 이전부터 카드리지가 품절상태로 재고가 없었다는 사실을 알고 진정인이 주문한 카드리지를 빼고 주문배송을 하였다는 것은 피진정인은 처음부터 진정인이 주문한 위 복합기를 설치해 줄 의사가 없었다는 것입니다.

(5) 진정하게 된 동기

진정인이 피진정인을 진정하게 된 동기는 진정인이 주문한 복합기에 들어갈 카드리지는 품절상태로 재고가 없으므로 구입할 수 없다는 사실을 알면서 진정인을 속이고 복합기에 카드리지를 뺀 상태로 설치하기도 전 대금을 먼저 요구하는 치밀함을 보였는가하면 오히려 진정인에게 상 도리를 운운하면서 경고한다며 진정인을 업무방해로 간주하겠다는 태도를 보이는 등 많은 돈은 아니지만 계약금을 보내주겠다고 계좌번호를 메시지로 보내자 전화자체를 받지 않고 전주시청 지역경제과 담당 공무원 ○○○에게 ○○전자물류센터의 배송기사가 복합기를 주문에 의하지 않고 잘못 배송하여 문제가 발생하였던 것인데 진정인에게 그에 감안한 금액을 공제하고 나머지의 돈을 달라고 했는데도 진정인이 거부하여 위약을 하였다는 거짓말로 둘러대는 바람에 ○○전자물류센터 배송기사 ○○○에게 확인한바 처음부터 진정인이 주문한 위 복합기의 카드리지는 품절상태로 물류센터에 재고가 없었다는 사실을 알고 피진정인은 아예 주문자체를 할 수 없었는데 배송기사가 복합기의 카드리지를 배송하지 않은 것으로 계속해 거짓말을 하고 두 달이 넘도록 계약금을 반환하지 않는 등 진정인을 우롱하고 기망한 행동에 경각심을 심어주고 다시는 소비자를 기망하는 일 없게 하기 위함입니다.

(6) 결어

정말로 피진정인은 용서가 되지 않습니다.

끝까지 거짓말로 진정인을 우롱하는 자체가 괘씸하고 너무나 밉습니다.

힘이 없는 자가 겪어야 할 것이라면 감내할 수밖에 없겠지만 이것은 힘이 있고 없고의 문제가 아니라 세상을 살아가는 기본이치가 서지 않은 것이기에 한심스럽고 한탄스럽습니다.

부도덕하고 이기적인 피진정인에게 반드시 무거운 형벌을 내려주시기 바랍니다.

사람이기 때문에 누구나 실수를 할 수 있겠지만 실수와 의도적인 것은 분명 다릅니다.

피진정인이 하는 인터넷상의 광고를 보고 복합기를 구입한 소비자에게 어찌되었건 주문한 복합기에 중요한 카드리지를 의도적으로 빠져있다는 것을 알고도 무리하게 설치하고 복합기의 대금을 요구하기 이전에 주문한 카드리지가 품절되어 가지고 오지 못했다며 미안한 마음으로 사과를 하는 모습을 보였다면 용서할 수 있었겠지만 이를 숨긴 채 끝까지 거짓말로 진정인을 기망함으로서 정상적인 보행신호로 길을 건너는 어린 피해자를 치어 중상을 입힌 것과 다름이 없는 상처를 입히고도 계약금을 돌려주지 않고 거짓말로 진정인을 우롱하고 있습니다.

다시는 피진정인의 부도덕한 행동으로 다른 선의의 피해자가 생기지 않도록 경종을 울리기 위해서라도 피진정인을 엄벌에 처해 주시기 바랍니다.

5.증거자료

□ 진정인은 진정인의 진술 외에 제출할 증거가 없습니다.

■ 진정인은 진정인의 진술 외에 제출할 증거가 있습니다.

☞ 제출할 증거의 세부내역은 별지를 작성하여 첨부합니다.

6.관련사건의 수사 및 재판 여부

① 중복 신고여부	본 진정서와 같은 내용의 진정서 또는 고소장을 다른 검찰청 또는 경찰서에 제출하거나 제출하였던 사실이 있습니다 □ / 없습니다 ■
② 관련 형사사건 수사 유무	본 진정서에 기재된 범죄사실과 관련된 사건 또는 공범에 대하여 검찰청이나 경찰서에서 수사 중에 있습니다 □ / 수사 중에 있지 않습니다 ■
③ 관련 민사소송 유무	본 진정서에 기재된 범죄사실과 관련된 사건에 대하여 법원에서 민사소송 중에 있습니다 □ / 민사소송 중에 있지 않습니다 ■

7.기타

본 진정서에 기재한 내용은 진정인이 알고 있는 지식과 경험을 바탕으로 모두 사실대로 작성하였습니다.

○○○○ 년 ○○ 월 ○○ 일

위 진정인 : ○ ○ ○　　(인)

전주 완산경찰서장 귀중

별지 : 증거자료 세부 목록

(범죄사실 입증을 위해 제출하려는 증거에 대하여 아래 각 증거 별로 해당 난을 구체적으로 작성해 주시기 바랍니다)

1.인적증거 (목격자, 기타 참고인 등)

성 명		주민등록번호			
주 소	자택 : 직장 :			직업	
전 화	(휴대폰)				
입증하려는 내 용					

2.증거서류 (진술서, 차용증, 각서, 금융거래내역서, 진단서 등)

순번	증 거	작성자	제출 유무
1	온라인송금내역서	진정인	■ 접수시 제출 □ 수사 중 제출
2	문자메시지내용	진정인	■ 접수시 제출 □ 수사 중 제출
3			□ 접수시 제출 □ 수사 중 제출
4			□ 접수시 제출 □ 수사 중 제출
5			□ 접수시 제출 □ 수사 중 제출

3.증거물

순번	증 거	작성자	제출 유무
1	입금내역서	진정인	■ 접수시 제출 □ 수사 중 제출
2	문자메시지내용	진정인	■ 접수시 제출 □ 수사 중 제출
3			□ 접수시 제출 □ 수사 중 제출
4			□ 접수시 제출 □ 수사 중 제출
5			□ 접수시 제출 □ 수사 중 제출

4.기타 증거

필요에 따라 수시 제출하겠습니다.

진   정   서

진 정 인 : ○   ○   ○

피 진 정 인 :   전남지방경찰청장   외1

국민권익위원회 귀중

진 정 서

1. 진 정 인

성 명	○ ○ ○	주민등록번호	생략
주 소	전라남도 순천시 ○○로 ○○, ○○○-○○○호		
직 업	회사원	사무실 주 소	생략
전 화	(휴대폰) 010 - 1237 - 0000		
대리인에 의한 진 정	□ 법정대리인 (성명 : , 연락처) □ 진정대리인 (성명 : 변호사, 연락처)		

2. 피진정인1

성 명	전남지방경찰청
주 소	전라남도 무안군 삼향읍 후광대로 359번길 28
대 표 자	청장 최관호
전 화	○○○ - ○○○ - ○○○○
기타사항	교통시설담당

2. 피진정인2

성 명	순천시청	주민등록번호	생략
주 소	전라남도 순천시 장영로 30(장천동)		
대 표 자	시장 조충훈		
전 화	○○○ - ○○○ - ○○○○		
기타사항	교통시설 설치담당		

3. 진정취지

피진정인1 전남지방경찰청장, 피진정인2 순천시장은 전라남도 순천시 ○○로 ○○, ○○아파트 앞 ○○로에서 비보호좌회전이 허용되지 않아 진정인의 차량 진출입이 어려우므로 차량 진출입이 가능하도록 비보호좌회전을 허용해 주시기 바랍니다.

4. 진정원인

(1) 도로교통법

　가. 도로교통법 제3조제1항에는 "특별시장·광역시장 또는 시장·군수(광역시의 군수를 제외한다. 이하 "시장 등"이라 한다)는 도로에서의 위험을 방지하고 교통의 안전과 원활한 소통을 확보하기 위하여 필요하다고 인정하는 때에는 신호기 및 안전표지를 설치하고 이를 관리하여야 한다." 라고 규정되어 있고, 같은 법 시행규칙 제4조에는 "법 제4조의 규정에 의한 신호기는 법 제3조 제1항 및 영 제71조의2 제1항의 규정에 의하여 지방경찰청장 또는 경찰서장이 필요하다고 인정하는 교차로 그 밖의 도로에 설치하되, 그 앞쪽에서 잘 보이도록 설치하여야 한다." 라고 규정되어 있습니다.

(2) 비보호좌회전허용

　가. ○○아파트 앞 도로가 25m의 편도 2차로의 도로이지만 오후 첨두시 교통량이 방향별로 시간당 553대와 267대로 비교적 적습니다.

　나, 순천시의 의견도 비보호좌회전을 허용하여도 문제가 없을 것으로 판단하고 있고 비보호좌회전을 허용하지 않아 신청인들이 장거리를 우회하여 통행하기 때문에 오히려 교통상태를 악화시킬 수 있기 때문에 허용하여 합니다.

(3) 결론

오히려 비보호좌회전을 허용하지 않을 경우 최단거리를 이동하기 위해 불법 좌회전을 하는 문제가 발생될 수 있으므로 피진정인1 전남지방경찰청장은 ○○아파트 앞 도로에 비보호좌회전을 허용하고, 피진정인2 순천시장의 비용부담으로 제반 교통시설을 보완하는 대책을 조속히 마련해 주시기 바랍니다.

5. 증거자료

□ 진정인은 진정인의 진술 외에 제출할 증거가 없습니다.

■ 진정인은 진정인의 진술 외에 제출할 증거가 있습니다.

　☞ 제출할 증거의 세부내역은 별지를 작성하여 첨부합니다.

6. 관련사건의 수사 및 재판 여부

① 중복 신고여부	본 진정서와 같은 내용의 진정서 또는 고소장을 다른 검찰청 또는 경찰서에 제출하거나 제출하였던 사실이 있습니다 □ / 없습니다 ■
② 관련 형사사건 수사 유무	본 진정서에 기재된 범죄사실과 관련된 사건 또는 공범에 대하여 검찰청이나 경찰서에서 수사 중에 있습니다 □ / 수사 중에 있지 않습니다 ■
③ 관련 민사소송 유무	본 진정서에 기재된 범죄사실과 관련된 사건에 대하여 법원에서 민사소송 중에 있습니다 □ / 민사소송 중에 있지 않습니다 ■

7. 기타

본 진정서에 기재한 내용은 진정인이 알고 있는 지식과 경험을 바탕으로 모두 사실대로 작성하였습니다.

○○○○ 년 ○○ 월 ○○ 일

위 진정인 : ○ ○ ○ (인)

국민권익위원회 귀중

별지 : 증거자료 세부 목록

　　　(범죄사실 입증을 위해 제출하려는 증거에 대하여 아래 각 증거별로
　　　해당 난을 구체적으로 작성해 주시기 바랍니다)

1.인적증거 (목격자, 기타 참고인 등)

성　　명	○ ○ ○	주민등록번호	생략	
주　　소	자택 : 순천시 ○○로 ○○, ○○○호 직장 : 없습니다.	직업	가정주부	
전　　화	(휴대폰) 010 - 4567 - 0000			
입증하려는 내　　용	위 ○○○은 이 사건 아파트에 거주하는 관계로 비보호좌회전의 허용이 절실한 점에 대하여 소상히 알고 있어 이를 입증하고자 합니다.			

2.증거서류(진술서, 차용증, 각서, 진단서 등)

순번	증　　거	작성자	제출 유무	
1	현황사진	진정인	■ 접수시 제출	□ 수사 중 제출
2	동영상자료	진정인	■ 접수시 세출	□ 수사 중 제출
3			□ 접수시 제출	□ 수사 중 제출
4			□ 접수시 제출	□ 수사 중 제출
5			□ 접수시 제출	□ 수사 중 제출

3.증거물

순번	증　　거	작성자	제출 유무	
1	현황사진	진정인	■ 접수시 제출	□ 수사 중 제출
2	자료	진정인	■ 접수시 제출	□ 수사 중 제출
3			□ 접수시 제출	□ 수사 중 제출
4			□ 접수시 제출	□ 수사 중 제출
5			□ 접수시 제출	□ 수사 중 제출

4.기타 증거

　필요에 따라 수시 제출하겠습니다.

【진정서(16)】 아파트 앞 경사지역 단속카메라설치 및 80키로미터를 60키로미터로 조정해 달라
　　는 진정서

진　　　정　　　서

진 정 인 :　○　　　　○　　　　○

피 진 정 인 :　○　　　　○　　　　○

국민권익위원회 귀중

진 정 서

1. 진 정 인

성 명	○ ○ ○	주민등록번호	생략
주 소	경기도 광명시 ○○로 ○○○, ○○-○○○호		
직 업	회사원	사무실 주 소	생략
전 화	(휴대폰) 010 - 9876 - 0000		
대리인에 의한 진 정	☐ 법정대리인 (성명 : , 연락처) ☐ 진정대리인 (성명 : 변호사, 연락처)		

2. 피진정인

성 명	○ ○ ○	주민등록번호	생략
주 소	경기도 광명시 디지털로 5		
소 속	경기 ○○경찰서		
전 화	○○○ - ○○○ - ○○○○		
기타사항	교통관련시설 설치담당		

3. 진정취지

경기도 광명시 ○○로 ○○, 소재, ○○아파트(이하 "○○아파트" 라 합니다)
앞에 설치되어있던 무인단속감시카메라가 아무런 설명도 없이 철거된바, ○
○아파트 앞은 경사가 시작되는 곳으로 자동차가 평소 시속 100㎞ 이상 과속
으로 달리고 있으므로 안전을 위해 과속 및 신호위반 단속카메라를 설치하여
주고 제한 속도도 시속 80㎞에서 60㎞로 하향 조정해 주시기 바랍니다.

4. 진정원인

(1) 교통단속카메라설치

　　가. 「교통단속처리지침」 제46조제1항에는 "무인단속 장비의 설치는 자동
　　　　차의 속도·신호·전용차로 등 법규위반행위가 빈번이 이루어지거나
　　　　교통사고가 빈발하는 곳에 설치함을 원칙으로 한다"라고 규정되어
　　　　있고, 이와 관련한 설치기준은 사고가 잦은 지점과 상습과속지역으
　　　　로 되어 있는바, 315번 지방도는 ○○에서 ○○방향으로 오르막 경
　　　　사로로 진행하다가 ○○아파트 진입로 100m 전방 지점부터 내리막으
　　　　로 과속이 빈번한 점, ○○아파트 진입로가 곡선도로와 좌측 산으로
　　　　인해 시야 확보가 어려워 신호위반이 빈번한 점, 피신청인도 사고발
　　　　생을 우려하여 2004년 모형무인단속카메라를 설치한 점 등에 비추어
　　　　볼 때, ○○아파트 앞에 다기능 단속카메라의 설치가 절실히 요구되
　　　　고 있습니다.

(2) 도로교통법시행규칙

　　가. 「도로교통법 시행규칙」 제19조에는 편도 2차로 이상의 도로는 매시
　　　　80㎞이내의 속도로 규정되어 있습니다.

(3) 결론

　　○○아파트 앞 315번 지방도는 편도 2차로 도로로 곡선과 경사로로 인한
　　위험성이 있으므로 단속카메라를 설치해 주시고 80㎞로 주행하던 도로를
　　○○아파트 앞에서만 60㎞로 낮춰 주시기 바랍니다.

5.증거자료

□ 진정인은 진정인의 진술 외에 제출할 증거가 없습니다.

■ 진정인은 진정인의 진술 외에 제출할 증거가 있습니다.

☞ 제출할 증거의 세부내역은 별지를 작성하여 첨부합니다.

6.관련사건의 수사 및 재판 여부

① 중복 신고여부	본 진정서와 같은 내용의 진정서 또는 고소장을 다른 검찰청 또는 경찰서에 제출하거나 제출하였던 사실이 있습니다 □ / 없습니다 ■
② 관련 형사사건 수사 유무	본 진정서에 기재된 범죄사실과 관련된 사건 또는 공범에 대하여 검찰청이나 경찰서에서 수사 중에 있습니다 □ / 수사 중에 있지 않습니다 ■
③ 관련 민사소송 유무	본 진정서에 기재된 범죄사실과 관련된 사건에 대하여 법원에서 민사소송 중에 있습니다 □ / 민사소송 중에 있지 않습니다 ■

7.기타

본 진정서에 기재한 내용은 진정인이 알고 있는 지식과 경험을 바탕으로 모두 사실대로 작성하였습니다.

○○○○ 년 ○○ 월 ○○ 일

위 진정인 : ○ ○ ○   (인)

국민권익위원회 귀중

별지 : 증거자료 세부 목록

　　　(범죄사실 입증을 위해 제출하려는 증거에 대하여 아래 각 증거별로
　　　해당 난을 구체적으로 작성해 주시기 바랍니다)

1.인적증거 (목격자, 기타 참고인 등)

성　　명		주민등록번호			
주　　소	자택 : 직장 :			직업	
전　　화	(휴대폰)				
입증하려는 내　용					

2.증거서류(진술서, 차용증, 각서, 진단서 등)

순번	증　　거	작성자	제출 유무
1	CCTV교통상황	진정인	■ 접수시 제출　□ 수사 중 제출
2	현황사진	진정인	■ 접수시 제출　□ 수사 중 제출
3			□ 접수시 제출　□ 수사 중 제출
4			□ 접수시 제출　□ 수사 중 제출
5			□ 접수시 제출　□ 수사 중 제출

3.증거물

순번	증　　거	작성자	제출 유무
1	CCTV교통상황	진정인	■ 접수시 제출　□ 수사 중 제출
2	현황사진	진정인	■ 접수시 제출　□ 수사 중 제출
3			□ 접수시 제출　□ 수사 중 제출
4			□ 접수시 제출　□ 수사 중 제출
5			□ 접수시 제출　□ 수사 중 제출

4.기타 증거

　필요에 따라 수시 제출하겠습니다.

진　　　정　　　서

진 정 인 :　○　　　　○　　　　○

피 진 정 인 :　○　　　　○　　　　○

서울시 ○○구청장 귀중

진 정 서

1. 진 정 인

성　　명	○ ○ ○	주민등록번호	생략
주　　소	○○시 ○○구 ○○로 ○○, ○○○-○○○호		
직　　업	상업	사무실 주　소	생략
전　　화	(휴대폰) 010 - 2345 - 0000		
피해 대지 및 건물의 표시	○○시 ○○구 ○○로 ○○, ○○○-○○○호 대지상 연와조 스라브위 기와지붕 지상 1,2층 각 ○○○㎡, 지하실 ○○○㎡		

2. 피진정인

성　　명	○ ○ ○	주민등록번호	생략
주　　소	○○시 ○○구 ○○로 ○○, ○○-○○○호		
직　　업	상업	사무실 주　소	생략
전　　화	(휴대폰) 010 - 1234 - 0000		
건축공사 중인 대지의 표시	○○시 ○○구 ○○로 ○○, ○○○-○○○호 대 ○○○○㎡		

3. 진정취지

귀청에서 피진정인에게 ○○○○. ○○. ○○.한 ○○시 ○○구 ○○로 ○

○에 대한 건축허가는 진정인 소유의 대지 및 건물에 대해 균열이 생기고 지반이 침하되는 등 피해가 발생하여 신체 및 생명에 막대한 손해를 입을 것이 명백하므로 건축허가를 재심의하고 공사를 중단하는 처분을 해 주시기 바랍니다.

4. 진정내용

(1) 진정인은 ○○시 ○○구 ○○로 ○○, 대지상 연와조 스라브위 기와지붕 지상 1,2층 각 ○○○㎡, 지하실 ○○○㎡의 소유자이며, 피진정인은 이 사건 건물과 인접한 같은 ○○로 ○○○, 대 ○○○○㎡의 소유자이면서 귀청으로부터 ○○○○. ○○. ○○. 건축허가를 받은 자입니다.

(2) 피진정인은 위 지상에 근린생활시설을 세우기 위하여 ○○건설회사와 건축 도급계약을 체결하고 현재 ○○건설회사는 건축공사와 관련한 대형 중장비를 동원하여 이 사건 건물의 지층으로부터 근접한 거리에서 굴토작업을 하려하고 있습니다.

(3) 피진정인의 위 건축공사현장 바로 옆에 접한 진정인의 대지 및 건물은 피진정인이 건축공사를 하기 위해 철거공사를 하면서 압력과 충격을 가하는 바람에 진정인의 대지가 일부 침하되고 건물의 기둥과 내·외벽에 균열이 생겨 담장이 넘어져 붕괴되고, 위 담장과 이 사건 건물사이의 폭 약 1미터의 시멘트바닥이 약 10센티미터 침하되면서 이 사건 건물의 내·외벽 및 바닥에 수많은 균열이 이미 발생하였습니다.

(4) 진정인의 대지 및 건물에는 이미 위와 같은 피해가 발생한 상태에서는 특단의 안전조치를 취하지 않고 피진정인이 무리하게 지하굴착작업을 시행하게 되면 지하수 및 토사가 유출되어 진동이 발생되고 이에 따른 인접지반의 교란에 의한 부동침하나 진동의 전달로 인해 이미 진정인의 건물에 심각한 균열과 대지의 지반이 침하되어 건물전체를 붕괴에 이르게

할 위험성이 있음에도 불구하고 피진정인은 이를 방지하기 위한 제반안전조치를 취하지 아니한 채 굴토면에 위험하기가 짝이 없는 콘크리트기둥을 설치하는 씨 아이피공법을 사용한 지하굴토공사를 강행하려 하고 있으므로 귀청의 관계 기술자로 하여금 면밀하고 세밀한 조사를 통하여 안전조치를 취하고 사고가 발생하지 않도록 만전을 기하여 주시기 바랍니다.

(5) 진정인으로서는 피진정인이 위와 같은 지하굴토작업을 할 경우에 위험이 당연히 예상되기 때문에 사전에 지하수 및 토사유출방지를 위하여 흙막이 시공을 철저히 하고 지반이 동요되지 않도록 받침대를 세우거나 진동전달 방지를 위한 안전조치를 취하여야 하지만 피진정인이 이를 소홀히 대처하는 바람에 이미 진정인의 건물에 심각한 균열이 발생하고 지반이 침하되어 진정인은 생명까지 위협을 받고 있으므로 피진정인은 지금 당장 건축공사를 중단해야 합니다.

(6) 진정인은 피진정인이 위험한 지하굴토공사를 강행할 경우 법원으로부터 가처분은 물론 손해배상도 불사할 생각인데 이러한 법적절차는 상당한 시일이 예상되고 피진정인이 계속해서 지하굴토공사를 강행하고 귀청에서도 이러한 지하굴토공사를 방치한다면 진정인의 위 건축물은 붕괴 등으로 신체 및 생명 그리고 금전상으로 돌이킬 수 없는 막대한 손해를 입을 것이 너무나 명백하기 때문에 진정인은 귀청에서 피진정인에게 한 위 건축허가에 대하여 전면 재심의를 통하여 즉각적인 공사 중지처분을 요청하기에 이르렀습니다.

5. 소명자료 및 첨부서류

(1) 진정인 소유의 대지 및 건물 등기사항전부증명서
(2) 건물균열부분 현황사진
(3) 피진정인의 공사현장 참고사항 현황사진

○○○○ 년 ○○ 월 ○○ 일

위 진정인 : ○ ○ ○   (인)

서울시 ○○구청장 귀중

▣ 대한실무법률편찬연구회 ▣

연구회 발행도서
- 2018년 소법전
- 법률용어사전
- 고소장 작성방법과 실무
- 탄원서 의견서 작성방법과 실무
- 소액소장 작성방법과 실무
- 항소 항고 이유서 작성방법과 실제
- 지급명령 신청방법

사례별 범죄사실 신고하고 구제받는 실무지침서

형사문제 고발·고소·진정 서식작성   정가 28,000원

2024년 1月 5日 2판 인쇄
2024년 1月 10日 2판 발행
편   저 : 대한법률편찬연구회
발 행 인 : 김 현 호
발 행 처 : 법문 북스
공 급 처 : 법률미디어

서울 구로구 경인로 54길4 (우편번호 : 08278)
TEL : (02)2636-2911~2, FAX : (02)2636~3012
등록 : 1979년 8월 27일 제5-22호
Home : www.lawb.co.kr

▌ISBN 978-89-7535-726-8 (13360)
▌이 도서의 국립중앙도서관 출판예정도서목록(CIP)은 서지정보유
통지원시스템 홈페이지(http://seoji.nl.go.kr)와 국가자료종합목
록시스템(http://www.nl.go.kr/kolisnet)에서 이용하실 수 있습
니다. (CIP제어번호 : CIP2019014441)
▌파본은 교환해 드립니다.